OUVRAGES DU MÊME AUTEUR

BROCHURE SUR LE SPIRITISME

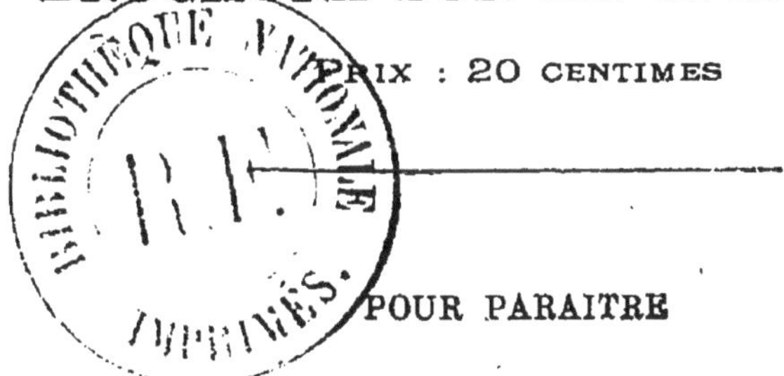

PRIX : 20 CENTIMES

POUR PARAITRE

NOUVELLE GRAMMAIRE FRANÇAISE

A l'usage des Ecoles Primaires Élémentaires

EN PRÉPARATION

LA SCIENCE DES MOTS

OU LA

GRAMMAIRE FRANÇAISE RAISONNÉE

et rendue accessible à toutes les intelligences par une Méthode claire, progressive et rationnelle

A L'USAGE

Des Ecoles Normales, des Pensions, Collèges et Lycées

Pour toutes demandes, s'adresser à l'Auteur

RUE ÉMILE-FOURCAND, 92. BORDEAUX

J. Robert.

LE

COUP D'ÉTAT

DU 2 DÉCEMBRE 1851

ET

MON HISTOIRE DE PROSCRIT

Avec une Dédicace à Victor Hugo

PAR

J. ROBERT

ANCIEN ÉLÈVE DE L'ÉCOLE NORMALE DE LA GIRONDE

Instituteur démissionnaire de Castets, près Langon

Ex-Employé des Ponts et Chaussées révoqué pour un salut

En 1851

BORDEAUX

IMPRIMERIE TYPO-LITHOGRAPHIQUE A. ARNAUD

Rue Arnaud-Miqueu, 5 (Passage Bordelais)

1884

DÉDICACE

ou

HOMMAGE RESPECTUEUX

au

GRAND GÉNIE QUI ÉCLAIRE ET HONORE LE SIÈCLE

à

L'HOMME INTÈGRE QUI PERSONNIFIE LE DROIT
ET LA JUSTICE

à

L'ÉMINENT ÉCRIVAIN QUI PLAIDE LA CAUSE DES
OPPRIMÉS ET DES MALHEUREUX

au

VÉNÉRABLE PATRIARCHE DE LA DÉMOCRATIE

à

L'AUTEUR IMMORTEL DES CHATIMENTS
QUI A FLAGELLÉ LE CRIME
ET FOUETTÉ LE CRIMINEL DU 2 DÉCEMBRE 1851

A

VICTOR HUGO

PREMIÈRE PARTIE

INTRODUCTION

I

Un Peuple qui parvient à conquérir sa Liberté sur n'importe quel despotisme, qui s'endort après dans l'indifférence de son triomphe et à l'ombre de ses lauriers, se trouve quelquefois d'avoir besoin d'un Sylla pour le proscrire et d'un César pour le sauver.

Je veux dire que toute Révolution qui a peur « d'elle même après sa victoire est une Révolution perdue », car alors elle se livre et se prostitue « au premier audacieux venu », qui lui témoigne un dévouement respectueux avec serment de la servir et au besoin de la défendre.

Les annales historiques et contemporaines de notre pays nous offrent deux cas indéniables à cet égard, justificatifs de l'exposé ci dessus et dont le poignant souvenir n'est pas encore éteint.

1° Personne n'ignore en effet que notre belle et grande Révolution de 1789 finit par être emballée le 18 Brumaire (9 Novembre 1799), « et avec ses immortels principes », dans la redingote de Napoléon Bonaparte, et par suite, dans le manteau royal de Louis XVIII, de Charles X et de Louis Philippe Ier.

2° En 1848 et après les sanglants sacrifices des journées de Février et de Juin, la France victorieuse eut encore espoir en sa Liberté dont elle remit la garde aux Représentants qu'elle avait choisis. Confiante alors et sans malice comme sans prévoyance, et je dois le dire aussi, fatiguée de ses luttes héroïques, elle s'enveloppa dans le glorieux drapeau de son indépendance.... et s'y endormit avec la République.

II

La durée de cette espèce d'attaque de catalepsie politique fut de « trois ans et dix mois »: elle prit fin le 2 Décembre 1851, au bruit effrayant d'un audacieux et horrible attentat, depuis longtemps conçu et organisé par une bande d'aventuriers aussi pauvres que la misère, de véritables bédouins n'ayant ni sou ni maille et tous ensemble cherchant fortune.

Le noble et digne Chef de cette charmante association de conspirateurs éhontés appartenait encore à la famille des Bonaparte, race privilégiée sans doute pour monter et faire des Coups semblables. On n'a jamais vu en effet dans aucune histoire, chez aucun peuple ni dans aucun temps, « deux ambitieux de la même parenté » se rendre maîtres du Droit de souveraineté, par des moyens violents qu'un homme honnête se garderait bien d'employer.

Engendré d'un **parjure** et d'une **trahison**, l'attentat du 2 Décembre 1851 ne pouvait être qu'un **monstre**.... et **il le** fut.

Abruti par l'ambition et affamé du pouvoir, l'œil en feu et la gueule béante, *le monstre hideux* fit son entrée à Paris où il se pavana durant trois ou quatre jours entouré d'un appareil infernal, et au milieu d'un cortège lugubre de farouches soldats conduits par des vandales empanachés que précédaient la terreur et la mort.

Vaincu à la Capitale, massacré par *la Force*, *le Droit* alla s'insurger en Province où il croyait trouver un refuge ; mais là encore, poursuivi par *le monstre*, il devait succomber.... « non périr ».... dans une plus longue et plus horrible agonie.... « celle de la prison et de l'exil ».

Que de transports dans la Province !
Que de transports dans les cités !
Jamais avènement de Prince
Ne vit autant de *Transportés !* (1)

(1) De joie et dans l'exil.
Ecrit en 1851-52 sur les murs de Paris et badigeonné ensuite par ordre et sans doute par mesure de sureté générale.

III

Le Coup d'Etat et les Proscriptions du 2 Décembre 1851 sont les plus horribles évènements politiques des temps modernes. Incomprise par les uns, méconnue par les autres, leur importance est en général reléguée dans l'oubli ou dans un vague souvenir.... et pourtant, il y a, dans « ces deux crimes monstrueux » une connexité frappante qui les rend inséparables et qui en fait un grave sujet d'étude.

Des écrivains sérieux ont déjà raconté le drame sanglant du 2 Décembre, soit à Paris ou en Province, mais les infames et nombreuses Proscriptions qui en ont été le corollaire et qui en ont assuré le triomphe, sont restées inconnues jusqu'ici.

Il y avait donc à cet égard une lacune à combler ou un vide à remplir, je veux dire qu'il restait à faire un récit abrégé du *Coup d'Etat* en y ajoutant celui « des dites Proscriptions », de manière à connaître exactement et tout à la fois.... « la cause et son effet ».

C'est pour atteindre ce double but que j'ai entrepris la tache assez laborieuse d'étre « le premier et surtout le fidèle historien des Proscrits », non pas de « chacun d'eux » bien entendu, chose impossible, mais de « ceux » en général de ma catégorie, qui est la plus nombreuse et qui a souffert le plus longtemps en France dans les prisons, les noirs cachots et les profonds souterrains, puis sur la terre d'exil et sous le climat enflammé du Continent africain.

Si je n'ai pas réussi au gré du lecteur, dans ce travait plus difficile à classer qu'à écrire, j'aurai au moins la satisfaction d'avoir essayé. A d'autres maintenant plus habiles, à suivre la ligne que j'ai tracée avec le Coup d'Etat et les Proscriptions et à continuer mon œuvre, soit dans chaque département comme je le fais ici pour le Lot-et-Garonne où j'ai été frappé en Décembre 1851, soit par contrées ou régions.

DÉTAILS PRÉLIMINAIRES

ou

RÉSUMÉ HISTORIQUE ET TRÈS SUCCINCT DE LA VIE DE NAPOLÉON III AVANT LA PERPÉTRATION DE SON CRIME DU 2 DÉCEMBRE 1851

I

Depuis mon retour d'exil j'ai eu maintes fois occasion de parler du Coup d'Etat de 1851, et de constater que sur le nombre de personnes qui s'imaginaient connaitre les évènements d'alors, les trois quarts et demi les ignoraient, et que les autres, qui n'étaient guère mieux renseignées, se livraient à des appréciations plus ou moins erronées et fantaisistes.

Toutes ces discordances regrettables sur un fait presque récent et encore empreint d'actualité, prouve que « notre génération », facilement oublieuse des malheurs de la Patrie, connait fort peu les évènements du 2 Décembre dont les victimes se comptèrent par « dizaines de mille ».

Ces observations que j'adresse à qui de droit et aussi à mes corréligionnaires en politique, m'engagent à faire l'historique succinct, mais fidèle, du guetapens criminel qui terrorisa la France durant « dix-huit années », par le régime autoritaire du gouvernement « d'un Seul ».

Le plus grand mérite, si mérite il y a, du Chef de la conjuration de 1851 contre la République de 1848, n'est pas d'avoir réussi dans son entreprise.... mais « d'avoir osé ».

Comme pour les jésuites « le but justifie les moyens, le succès justifie l'audace pour les conspirateurs », qui trouvent alors des gens aussi honnètes qu'eux pour trainer et faire marcher bon train le char du triomphe..., « lequel char » pourtant, ne roule pas toujours au gré des « conducteurs ».

L'histoire moderne nous apprend en effet que le char du 18 Brumaire se rendit sans encombre jusqu'à Leipsick en 1813, mais qu'il alla verser ensuite à l'ile d'Elbe, pour se faire écraser à Waterloo en Juin 1815.

Un autre char de triomphe, solidement construit, celui là, se mit aussi en route pour un voyage de long cours avec un chargement recueilli, après un horrible massacre organisé dans les journées du 2 au 5 Décembre 1851.

Parti de la maison Sallandrouze canonnée et prise d'assaut le 4 du même mois, « ce char funèbre » entreprit de faire son tour de France, histoire de visiter la Province et de l'égayer sans doute, en y laissant les mêmes souvenirs lugubres qu'à Paris, alors vaincu et dans la désolation.

Fatalement soumis à continuer son chemin jusqu'au bout, le même char parcourut ensuite la France entière, puis il visita la Crimée, l'Italie, la Chine, la Cochinchine, et enfin le Mexique, d'où il ne revint qu'après une assez longue absence.

« L'automédon impérial » qui lui avait prescrit toutes ces courses désordonnées, voulut encore, pour son agrément personnel, faire la désastreuse campagne de 1870, au début de laquelle il piqua une tête dans « la boue ensanglantée » de Sédan, d'où il ne sortit que pour aller mourir.... « vaincu et fugitif».... dans les brouillards de l'hospitalière Albion (1).

(1) Un fait bien digne de remarque, c'est que le sol de l'Angleterre semble être prédestiné à devenir le tombeau

Lorsqu'on a commencé dans « la fange » du crime, il n'y a plus de deshonneur à finir dans « le bourbier » de la honte et de l'infamie.

II

Le sinistre personnage qui monta sur le trone sous le titre usurpé de NAPOLÉON III, vint au monde le 20 Mai 1808 avec la bosse d'un « conspirateur » parfaitement réussi. Fils de la reine Hortense et d'une paternité douteuse que les membres de sa famille lui ont souvent reprochée, LOUIS NAPOLÉON BONAPARTE débuta fort jeune encore sur la scène de la vie politique.

---

des Empereurs de race napoléonienne. Il y en a *trois* sur lesquels a déjà passé *le niveau impitoyable de l'égalité,* et qui reposent là bas, comme de simples mortels, dans un trou à six pieds sous terre :

Le premier après *ses victoires,*
Le second après *sa défaite,*
Le troisième après *sa bêtise,*
A qui le tour maintenant ?...

Les récits de l'histoire contemporaine, disent qu'à l'âge de 23 ans il avait de superbes dispositions et une aptitude convenable pour « le crime de haute trahison ».

L'ensemble des traits de son visage ou sa physionomie indiquait d'ailleurs ses facultés natives et occultes : un nez en bec d'oiseau de proie lorgnant son menton, des yeux caves et petits, un regard équivoque et sombre lui donnaient un air sournois et félon, pour ne pas dire astucieux et cruel.

Tel est le portrait en raccourci du jeune prétendant au trone impérial et dont la mère ne cessait d'aiguillonner l'ambition, et de faire miroiter à ses yeux « le droit » qu'il avait d'être le continuateur de la dynastie des Napoléons, alors vacante par la mort de son cousin le duc de Reichstadt.

— « Mon fils, lui disait sa bonne maman, étudiez les machinations des grands actes politiques de votre oncle. Toujours l'œil aux aguets, surveillez les occasions propices. Tous les moyens de r gner sont bons, etc., etc. »

Ces instructions que la reine Hortense érigeait ainsi en maximes servirent de mandat impératif à son fils, déjà passablement « enclin à tout faire et à tout entreprendre ».

Muni de ce vaste programme et résolu à l'exécuter par tous les moyens possibles et imaginables, Louis.Napoléon Bonaparte, en compagnie d'un acolyte nommé Fialin, qui ne valait pas plus cher que lui, se rendit à « Strasbourg » le 29 Octobre 1836.

Le but de ce voyage était bien connu et défini : il consistait à soulever la garnison de la ville, à lui faire croire que Louis Philippe n'était plus roi, et à former ainsi le noyau d'une conspiration ayant pour objectif le renversement du pouvoir établi.

Pour tenter ce coup passablement bête et périlleux, les deux associés se rendirent à la caserne d'artillerie. Vêtu et coiffé comme son oncle et secondé par le colonel Vaudrey, Louis Bonaparte débita le mensonge suivant à la troupe qui était sous les armes:

— « Soldats du 4e d'artillerie, dit-il, une révolution a renversé Louis Philippe du trone; voici Napoléon II, empereur des Français; il vient prendre les rènes du gouvernement. Criez : vive l'Empereur !... » Et les soldats crièrent.

III

N'ayant pour mobile que l'ambition et la coquinerie, cette folle entreprise ne pouvait aboutir qu'à un ridicule et complet fiasco, seul succès qu'elle méritait. Aussi, les deux mauvais droles qui l'avaient si drolement organisée en furent pour leurs frais de représentation, sans compter les rires de l'amphithéatre, les huées de la galerie et l'indignation de l'opinion publique.

En même temps que Fialin, plus tard dit « de Persigny », s'échappait comme un voleur et un lache, son complice Louis Bonaparte était pris au collet par le lieutenant colonel Taillandier, qui lui signa un billet de logement pour aller coucher à la citadelle et y rester quelque temps, manière de l'engager à réfléchir sur la honteuse équipée de vagabondage dont il était la victime et le triste héros.

Quand la reine Hortense connut le résultat de cette manifestation ratée, elle s'empressa de demander grace pour son fils à Louis Philippe, qui voulut bien se montrer clément et lui accorder l'objet de sa demande.

Après cet acte de générosité du roi, on avertit le téméraire conspirateur qu'un ordre formel d'expulsion était lancé contre lui, et qu'il eut à faire ses malles pour quitter le territoire et filer à l'étranger : grand adoucissement à une plus sévère correction s'il avait passé en jugement.

Il ne perdit rien pour attendre cependant, car nous verrons par la suite combien il se montra peu reconnaissant de cet acte de clémence dont il était indigne.

Conduit sous bonne escorte de Strasbourg à Paris et de Paris à Lorient, Louis Napoléon Bonaparte fut embarqué dans ce dernier port le 21 Novembre de la même année 1836, et sur le batiment *l'Andromède* en destination des Etats Unis.

Quand il fut à bord, le prisonnier encaissa une somme rondelette de « seize mille francs » que lui fit remettre Louis Philippe à titre de secours de route, et dont il se servit là bas pour mener joyeuse vie.

Quelque temps après ou au commencement du second trimestre de 1837, le nouveau débarqué partit de New-York, son point d'arrivée, pour revenir en Europe auprès de sa digne mère qui était malade et qui rendit le dernier soupir entre ses bras le 3 Octobre de la même année,

IV

Par la mort de sa mère et son retour en Europe, où il resta, le Chef écervelé du complot de Strasbourg eut ses coudées plus franches et toute sa liberté d'action. Bien loin de regretter l'incident facheux dont il était la cause et de profiter de la bonne leçon qu'il venait de recevoir, il s'occupa au contraire de manigancer « un autre coup de tête » pour renverser le gouvernement de son pays.

Cet autocrate en pespective avait dans la boussole une idée fixe de vouloir gouverner la France à tout prix ou coute que coute. Comme feu son Oncle, il entendait toujours une voix secrète qui bourdonnait ces mots à son oreille : « Marche ! marche et marche ! » Et il essayait de marcher vite.... pour arriver de même.

Dans ce but et afin de cacher son jeu, Louis Bonaparte se rendit à Londres, y loua un hotel et se mit en train d'organiser un nouveau complot ayant un autre cachet que le précédent, avec dix chances pour une de réussir.

Il embaucha d'abord les cinq ou six figurants qu'il avait à Strasbourg et auxquels il adjoignit de nouveaux comparses formant un total de cinquante-sept acrobates, dont « dix-neuf conjurés », tous résolus à servir leur charmant patron, devenu entrepreneur non patenté de Coups d'Etat.

Après avoir arrêté son programme, combiné un plan d'attaque et trouvé un centre d'opération à l'abri de tout danger, ou du moins à pouvoir s'échapper au besoin, cette bande de « canaques » à la peau blanche et au cœur noirci (1), désigna Boulogne-sur-Mer comme pouvant lui offrir des garanties suffisantes de réussite, ou de sécurité dans le cas contraire.

Le 6 Aout 1840 et le matin de bonne heure, « nos insurgés » arrivés de la veille se débarbouillèrent à la hate et prirent des habits militaires sur lesquels brillait le numéro du 40e de

(1) Les Canaques sont des *personnages noirs* qui habitent les iles françaises de la Nouvelle Calédonie, et qui ne se gènent pas du tout pour écorcher et manger les *blancs*. — C'est une vieille habitude qu'ils ont contractée et qui se trouve un peu partout, car on n'a pas besoin d'aller à Nouméa, capitale de ces iles, pour rencontrer de ces gens là.

ligne. Sous ce déguisement d'occasion qui les fesait ressembler à des pierrots de carnaval, ils s'alignèrent en colonne serrée, partirent du pied gauche, bien entendu, et au pas gymnastique, pour se rendre à la caserne où se trouvaient en garnison deux compagnies du 42e régiment.

Ici comme dans l'affaire de Strasbourg, Louis Bonaparte usa de son droit en s'emparant du crachoir, pour faire un discours à la troupe et distribuer le grade d'officier à tous ceux qui ne l'avaient pas encore. Il y avait bon espoir jusqu'ici, car « le prétendant » était en veine et la chance allait bon train, puisqu'on avait porté les armes et battu au drapeau.

V

A ce moment, la parade burlesque cessa et la représentation allait commencer, quand un épisode inattendu vint substituer le drame à cette vilaine comédie. Aussitôt que les soldats eurent proclamé Louis Napoléon, un lieutenant du 42e se présente, il les tance vertement et les rappèle à leur devoir. Armé d'un fusil et avec l'intention de le tuer, le sieur Fialin s'élança vers ce militaire auquel un autre lieutenant sauva la vie en détournant le coup. Au même instant se présente le brave capitaine des grenadiers, M. Col-Puygellier, qui disperse toute cette clique à Mandrin et nettoya proprement la caserne après avoir failli être tué aussi par le même Fialin.

Voyant que son acolyte n'avait pas réussi dans ses deux criminelles tentatives, Louis Bonaparte se mit alors en ligne de bataille et envoya « un coup de pistolet » à l'adresse du capitaine Col-Puygellier, qui eut le bonheur de ne pas être atteint ; mais par contre, « un pauvre grenadier » eut la machoire fracassée par la balle de l'audacieux assassin.

Après avoir échoué à la caserne, notre colonne d'insurgés se rendit à la citadelle, non pour y trouver un refuge, mais avec l'intention de s'en emparer et de la faire servir au succès de l'entreprise.

Cette imprudente et dernière manifestation se termina par une déroute complète et la fuite précipitée « des conjurés », qui, hués et poursuivis par une foule indignée, arpentèrent le terrain au pas de course dans la direction de la mer, afin de rejoindre le navire qui les avait portés.

Alors eut lieu une scène vraiment comique et tout à fait amusante : Louis Napoléon Bonaparte, déjà connu, saute dans une barque et file son nœud vers le paquebot ; arrive ensuite à la plage son compère Fialin, qui, ne trouvant pas d'embarcation disponible, se jète à l'eau hardi comme un lache gonflé de peur, et se mit à nager à toute brassée vers son complice qu'il rejoignit en effet, mais quand il voulut s'accrocher à la barque, il la fit chavirer en montant à bord.

Spectateur étonné bien plus qu'attendri d'un plongeon qui n'était pas ordinaire, « un douanier » en tournée se rendit bien vite au lieu du sinistre, harponna lestement « nos deux marsouins » d'un genre inconnu, les hissa proprement hors de l'eau et les déposa tout mouillés à sec sur le rivage.

Quand ils furent revenus de leur première émotion bien naturelle, on les conduisit au bloc à la citadelle pour les faire sécher un brin.

Ensuite, et afin de les empêcher de courir la même aventure, leurs camarades furent pris aussi et allèrent coucher avec eux sous le même toit. Lorsqu'ils se trouvèrent ainsi réunis «en famille», on changea leur linge, on les nippa de pied en cap, mais bien entendu, après leur avoir oté les habits de cérémonie, ou l'uniforme du 40e de ligne qu'ils avaient endossé au début, et qui leur donnait une dégaine de vrais soldats de contrefaçon.

VI

J'abandonne maintenant tous les associés de second ordre qui participèrent aux échauffourées de Strasbourg et de Boulogne, pour ne m'occuper que du « Chef principal» de ces deux mouvements insurrectionnels.

Cinquante deux jours après son arrivée de Londres et le 28 Septembre 1840, Louis Bonaparte, naguère conspirateur et accusé pour crime de «haute trahison», comparut en cette qualité devant la Chambre des Pairs et avec la circonstance aggravante, qu'il y avait récidive après avoir été gracié.

Comme il était « le neveu de son Oncle » et que plusieurs membres influents de la Haute Cour avaient déjà servi l'Empire, le prévenu était presque certain de son affaire, je veux dire qu'il avait « l'espoir de ne pas être condamné à mort ».

Et en effet, une ribambelle de considérants établirent en sa faveur, par leur rédaction gracieuse et bien tournée, une série habilement faite de circonstances attenuantes qui servirent à ne condamner cet heureux criminel qu'à « une détention perpétuelle »:

Par suite de ce jugement fort bénin et quasi prévu, Louis Bonaparte devint ainsi lauréat et pensionnaire du gouvernement qu'il n'avait pu démolir. Ce n'était pas sa faute bien entendu, et quoique étant satisfait d'avoir rempli strictement sa mission, il n'était pas content tout de même de gober une aussi longue correction pour une chose qu'il n'avait pas faite : j'avoue que c'était un peu raide.... « pour lui ».

Quoi qu'il en soit, cet Empereur manqué — « petit neveu de son grand oncle » — qui avait la manie de visiter les citadelles et qui en avait déjà exploré deux, fut conduit à celle de Ham, petite ville du département de la Somme.

Dans le nouveau logis où il fut introduit et où il aurait eu le temps de réfléchir sur l'instabilité des choses d'ici bas, le prisonnier, qui avait un cœur inaccessible à tout sentiment de repentir, occupait au contraire ses loisirs à la méditation de nouveaux plans de campagne et aux moyens de les exécuter.

S'apercevant un peu tard qu'il avait navigué comme un étourdi, le sieur Bonaparte vira de bord, prit de nouveau le cap et changea de route avec l'intention et l'espoir d'atterrir. Ayant échoué par « la force », il se promit de réussir par « la ruse », en employant ces deux mobiles qui constituent les vertus capitales des grands malfaiteurs.

Quand elles sont isolées ou qu'elles agissent séparément, « la force et la ruse » n'ont pas toujours un succès garanti; mais groupées et réunies elles forment alors un tout collectif, dont l'action puissante et vive assure parfois le triomphe à une audacieuse témérité.

VII

Le nouveau détenu au fort de Ham pouvait d'autant mieux réfléchir et travailler aux vastes projets qui roulaient dans sa tête, que son temps lui appartenait sans avoir à craindre les investigations génantes d'un controle sérieux.

Le grand air de la liberté lui manquait sans doute; l'espace de son champ de manœuvre se trouvait aussi notablement restreint puisque les murs d'enceinte de la citadelle lui servaient de cloture, mais à ces privations réelles et bien méritées il y avait des compensations agréables : bon air, bon logement, le calme toujours utile aux projets clandestins et ce qui était précieux encore pour un conspirateur de ce genre « deux fois brévété », l'assurance que les intentions secrètes ou les restrictions mentales resteraient inconnues.

Après avoir été « un homme d'action », Louis Bonaparte devint ainsi « un homme d'étude », et en même temps un penseur astucieux ayant besoin de cacher la perfidie de ses funestes méditations.

Pour débuter dans ce nouveau genre de travail, le héros de Strasbourg et de Boulogne se mit d'abord au courant de la politique du jour et à lui tater le pouls régulièrement, afin de pronostiquer, si, oui ou non, le moment d'agir n'était pas encore venu, car il avait toujours dans la boussole « l'idée fixe de gouverner à tout prix ».

Comme il trouvait le temps un peu long et qu'il apprenait chaque jour que les affaires « du pays » allaient leur petit bonhomme de chemin sans avoir du tout besoin de son intervention, Louis Bonaparte, qui voulait marcher aussi et surtout ne pas être oublié « en route », se mit à écrire dans les journaux et à y insérer des articles d'un libéralisme étonnant... « lui, récent insurgé dont le but était de s'emparer du pouvoir ! »

Voici un échantillon des idées charmantes qu'il publiait et dont « le sens positif est l'inverse » de celui qu'elles expriment :

« Je n'ai jamais cru, je ne croirai jamais que la France soit l'apanage d'un homme ou d'une famille.

» Je n'ai jamais revendiqué d'autres droits que ceux de citoyen français.

» Je n'ai jamais eu d'autre ambition que celle de réunir autour de mon nom populaire tous les partisans de la souvereineté du Peuple, tous ceux qui veulent la liberté. »

Autant de mots autant de fourberies, autant de phrases autant de « mensonges » et de « carottes » ayant la même provenance que les quatre termes suivants, inscrits plus tard « en lettres d'or » sur un marbre exposé naguère dans l'hotel de la Bourse de Bordeaux : « l'Empire c'est la Paix ».

Ce qui veut dire, traduction libre d'après les évènements:« l'Empire a toujours été la guerre au dedans et au dehors », depuis les massacres et les proscriptions à Paris et en Province le 2 Décembre 1851, jusqu'à la semaine sanglante de 1871, soit durant « une longue période de vingt années ».

Et voilà pourtant « l'homme que mes compatriotes bonasses et irréfléchis » nommèrent Président de la République le 10 Décembre 1848.

J'avais alors trente un ans et je donnai mon vote au général Cavaignac, dont la candidature était alors la seule potable dans le parti républicain.

VIII

Par ses articles et d'autres encore qui parurent, le fils de la reine Hortense parvint à trouver des cœurs bénévoles jusqu'à l'indulgence et au pardon, sans compter ceux qui le considéraient non comme un « captif repentant », mais comme « un rallié » qui a fait abandon de ses premières erreurs.

Dans cette dernière catégorie, et à part madame George Sand, j'aurais pu citer des noms bien connus et même illustres, entre autres Béranger qui correspondait avec le détenu de Ham.

Du fond de sa chambre où il dormait souvent en gendarme, Louis Bonaparte ne fut pas long à comprendre « qu'il n'était pas du tout compris », et que ses premiers travaux de mise en train ayant ainsi un résultat assez positif, il n'avait qu'à continuer.

Afin de hater un succès qu'il prévoyait déjà et qu'il désirait ardemment obtenir, Louis, comme on l'appelait en famille, s'avisa plus tard de faire connaitre ses écrits où il y avait, comme toujours, des affirmations trompeuses, auxquelles il savait donner une tournure sentimentale.

Quant il vit que son affaire marchait au gré de ses désirs et qu'elle réussirait dans un temps plus ou moins éloigné, Louis Bonaparte fut pris d'un violent accès d'impatience après lequel il résolut de prendre une bonne dose de poudre d'escampette, et de jouer au plus vite la fille de l'air.

Habitué aux complots, il ne lui fut pas du tout difficile d'en organiser un troisième relatif à son évasion et adroitement combiné. Dans ce but, il recruta des complices de bonne volonté qu'on trouve aisément lorsqu'il s'agit d'une mauvaise action. La première recrue qui voulut bien s'embaucher à son service, fut le docteur Conneau, plus tard devenu son médecin en chef, puis un nommé Thélin, son fidèle domestique : « tel maitre tel valet ».

Ce dévoué serviteur eut pour mission de lui procurer des habits de rechange convenables afin de pouvoir tromper la vigilance des gardiens de la forteresse, où travaillaient en ce moment des ouvriers qui la réparaient.

Thélin fut assez heureux pour conclure un marché avec un maçon appelé « Badinguet, » qui lui vendit ses vètements au complet, y compris les sabots, sa casquette et sa vieille pipe ou brulegueule (1).

Pendant qu'on traitait cette affaire, Louis Bonaparte était en train de se couper la moustache, d'arranger sa chevelure pour la disposer à recevoir une perruque et de se rendre ainsi méconnaissable.

Ces préparatifs de toilette achevés, le « futur Badinguet » endossa les habits de « l'autre », alluma son brulegueule, prit un madrier sur ses épaules et le voilà parti.

C'était le 26 Mai 1846 et le matin de bonne heure qu'avait lieu cette fuite précipitée. Or, comme les ouvriers n'étaient pas encore rendus au chantier, le factionnaire de garde, surpris de voir un homme seul travailler avant l'heure interpella l'ouvrier matinal en lui criant : « — C'est toi Badinguet ?. .

(1) Le sus dit maçon, qui se nommait « Jean-Michel Badinguet », est mort le 1er décembre de la présente année 1883, à Chatenay, près de Sceaux et à l'age de soixante quatorze ans. Après le Coup d'Etat du 2 Décembre 1851, Jean-Michel Badinguet vint habiter Paris et toucha une pension annuelle de 1200 fr., sous le nom de Jean-Michel Radot. Après la guerre de 1870 il quitta Paris pour aller à Chatenay, et ce ne fut que le jour de sa mort qu'il donna tous ces détails constatant son identité.

— Oui, oui, c'est moi», répondit l'autre en continuant son chemin aussi vite qu'il pouvait aller.

Deux jours plus tard, Louis Bonaparte arrivait au pays du cirage et se promenait dans les rues de Londres comme un désœuvré cherchant à vivre et à occuper ses loisirs.

IX

En sa qualité de bon viveur sachant faire manœuvrer les pièces de cent sous, il avait la facile habitude de vider son gousset pour de folles entreprises. Dépourvu d'argent, de tout crédit et sans aucun moyen d'existence, il parvint à trouver un emploi au niveau de son aptitude : il se fit embrigader comme « sergent de ville dans la police anglaise », récompense bien digne de ses derniers exploits.

Ici commence pour l'échappé de Ham, et en moins « les cinq sous » dans sa poche, une vie de Juif-errant ou de bédouin du désert qui le réduisit à changer de climat et à ne s'arréter que lorsqu'il avait du travail.

Près de trois ans s'écoulèrent ainsi à gueusailler de ville en ville et de contrée en contrée, mais en ayant toujours soin de faire voyager avec lui et d'emporter sous son chapeau, avec un morceau de lard pour déjeuner, «l'idé favorite » de monter sur le trone quand mème.

Au moment de la Révolution de 1848, Louis Bonaparte se trouvait dans cette situation qui lui avait permis de vivre sans préter, mais non sans emprunter.

Il était ruiné à plat, criblé de dettes et ne trouvant personne qui voulut s'intéresser à lui et le secourir, pas même « sa famille », dont les membres étaient pourtant encore assez nombreux, mais qui connaissaient depuis longtemps, pour en avoir été dupes, ses prodigalités excessives et immodérées.

Sa mère, la reine Hortense, bien fixée à cet égard, écrivait ceci en 1836 à la duchesse dAbrantès : « Si Louis devient jamais empereur, il mangera la France. »

On sait effectivement et personne ne l'ignore, que la conduite « du fils » a réalisé les pressentiments de « la mère », et qu'il a mème été beaucoup plus loin, car s'il a mangé la France, il l'a trompée aussi et corrompue, abrutie et deshonorée de toutes les façons.

Louis Bonaparte a fait plus encore : il a été « un parjure » en ce qu'il a violé « son serment » fait à la République de 1848; il a soustrait à la France « le principe de liberté » qui la régissait alors par la Constitution, et « lui a volé » enfin, comme nous le verrons bientôt, « le Droit de Souveraineté » qu'elle avait acquis par de laborieuses revendications.

Tous ces actes et tous ces faits attestés par l'histoire, constituent «un brigandage politique», trois mots dont le sens littéral signifie : « Vol commis par la force et à main armée contre la Nation ».... dans le guetapens criminel du 2 Décembre 1851.

Voici, en outre, quelques détails rapides sur les causes principales et les moyens qui contribuèrent au succès de l'entreprise faite à cette époque, et à l'établissement du second Empire.

X

Lors de son aventure de Boulogne et croyant mieux réussir, Louis Bonaparte avait eu la bonne idée de se prémunir contre les chances d'un succès incertain.

Dans ce but, il adressa deux proclamations arrangées de manière à tromper « tout le monde », tant la forme cachait le fond : l'une « à l'armée » et l'autre « au Peuple français ». La première était une courte cajolerie et la seconde un mensonge adroitement déguisé où l'on trouve cette menaçante péroraison, signe précurseur de l'absolutisme du futur autocrate:

« **Je veux** donner à la France des alliances véritables, une paix solide et non la jeter dans les hasards d'une guerre générale. Français ! je vois devant moi l'avenir brillant de la patrie. Je sens derrière moi *l'ombre de l'Empereur* qui me pousse en avant ; je ne m'arrêterai que lorsque j'aurai repris *l'épée d'Austerlitz*, remis *les aigles* sur nos drapeaux et *le peuple* dans ses droits. »

Ce fut avec ce programme carrément défini en 1840 et ce plan de campagne bien arrêté que Louis Bonaparte offrit sa candidature comme représentant du Peuple et qu'il fit un appel direct au Suffrage universel. Son élection ayant réussi dans quatre ou cinq départements à la fois, ce nouveau mandataire alla s'asseoir au fauteuil en Septembre 1848.

Inutile de dire quelle jubilation fut la sienne de rencontrer cette bonne fortune et d'être enfin « quelque chose », lui qui avait été jusqu'alors « un rien du tout ».

Dès ce moment, il se mit en route pour aller chercher l'épée que son Oncle avait à Austerlitz, « épée trop vaillante » pour « un lache et un poltron », qui n'a jamais connu ni porté que celle d'une honteuse capitulation, depuis Strasbourg jusqu'à Boulogne et à Sedan.

Un tel succès ne pouvait satisfaire la vaste ambition de « celui » qui l'avait obtenu, mais il agrandit l'horizon borné jusqu'ici de futures entreprises; il devint un premier jalon indiquant une voie plus large, moins périlleuse et aussi belle d'espérance que riche d'avenir.

Le Gouvernement républicain déjà installé fonctionnait dans le provisoire et l'imprévu;

on sentait le besoin d'une organisation urgente et définitive qui précipitait les évènements de telle sorte, que dans le mois d'Octobre suivant, on s'occupa de la candidature de Louis Bonaparte à la présidence de la République.

Le souvenir de Napoléon Ier, le sentiment respectueux et un certain attrait qu'inspirait le « grand homme », furent autant de moyens que « le neveu » sut exploiter et mettre en usage pour les besoins et le triomphe de sa cause.

Ce fut là dessus, beaucoup plus que sur « ses qualités personnelles » que comptait le futur Président, et qu'il broda aussi « un manifeste » proprement émaillé d'attrayantes promesses et de fort jolis mensonges artistement dissimulés.

La conception ingénieuse de ce document électoral atteignit le but désiré, je veux dire qu'il servit à exploiter l'ignorance « des uns » et la crédulité de « tous », car la majorité des Electeurs, peu instruits à cette époque, ne voyait que « du bleu » dans cette candidature et dans les intentions du « candidat habile et fourbe » qui se présentait à leurs suffrages.

XI

A l'époque où la candidature de Louis Bonaparte fut posée, « les trois quarts et demi » des électeurs ignoraient si Napoléon Ier avait un neveu, si « ce neveu » était un député et si « ce député » était le même que le candidat proposé.

Enfin, la question principale du moment et la plus sérieuse de toutes parce qu'elle était la plus importante à débattre et la plus difficile à résoudre, consistait à savoir « si le candidat » avait une aptitude convenable et une dignité suffisante pour occuper le Fauteuil présidentiel.

Des électeurs intéressés disaient qu'étant « le neveu » du Grand Homme, il méritait cet honneur; qu'on pouvait le nommer sans crainte et les yeux fermés.

Guère plus difficiles que ces derniers, beaucoup d'électeurs croyaient aussi que ses tentatives de Strasbourg et de Boulogne étaient simplement des aventures insignifiantes de jeunesse qu'on devait oublier, en même temps que certains autres l'assimilaient à un panier de vendanges ou à un mannequin très facile à remplacer au besoin.

D'autres enfin, qu'on traitait de mauvaises têtes et de mauvaises langues aussi, mais formant « une minorité » qui avait pourtant raison, affirmaient que dans cet homme de quarante ans il y avait « un traitre habile » qui cachait son jeu, qu'il était prudent de se méfier et qu'une fois élu « il imposerait sa volonté à la Nation ».

Ce fut au milieu d'un tel salmigondis d'opinions que les Electeurs déposèrent leurs bulletins dans l'urne et que le 10 Décembre 1848, Louis Bonaparte fut nommé Président de la République pour « quatre années consécutives ».

Le 20 du même mois, le nouveau titulaire prêtait le serment prescrit que voici :

« En présence de Dieu et devant le *Peuple* » *français* représenté par l'Assemblée Nationale, » **je jure** *de rester fidèle* à la République » démocratique, une et indivisible, et de rem- » plir **tous** *les devoirs* que m'impose la » Constitution. »

Ces magnifiques et belles promesses, qui ne tardèrent pas à recevoir un « formel démenti » par la conduite du Président assermenté, doivent se traduire de la manière suivante pour en avoir le sens positif.

« En présence de Dieu « par devant » et du » Peuple français « par derrière », y compris » l'Assemblée Nationale, je jure « par devant » de » rester fidèle à la Républiqne, une et indivisible, » et de remplir « par derrière » tous les devoirs » que m'impose la Constitution ».

Par cette traduction inédite des paroles du nouveau Président, et que justifie d'ailleurs son Coup d'audace du 2 Décembre, j'ai voulu exprimer « les restrictions mentales ou les intentions secrètes » de ce Jésuite farouche et cruel, qui avait hate de venger sur son Pays..., la France entière..., ses tentatives avortées de Strasbourg et de Boulogne.

Aussi, lorsqu'il préta serment, il se souciait autant de Dieu et du Peuple français, comme de la Chambre, de la République et de la Constitution. Ayant une ambition qui le rendit « parjure et criminel », Louis Bonaparte s'était promis d'user largement et jusqu'aux extrêmes limites de la scélératesse, du programme déjà connu, que sa mère, la reine Hortense, avait eu soin de lui tracer ainsi : « Tous les moyens de régner sont bons. »

Par les détails qui vont suivre on apprendra que « ce digne fils obéit à sa digne mère » sans aucun scrupule de conscience et par des actes violents que « le crime seul peut justifier ».

LE

COUP D'ÉTAT

DU 2 DÉCEMBRE 1851

I

Dès qu'il fut au pouvoir, le Président de la République se trouva gêné par « la Constitution » qui réglementait avec trop de rigueur les attributions ou plutot les exigences présidentielles, exigences qui ne tardèrent pas à se produire dans maintes occasions.

Ayant toujours eu la facile habitude d'avoir carte blanche ou d'exercer librement sa volonté absolue, il ne lui était pas agréable du tout d'obéir à « la Volonté Nationale » exprimée dans « cette Constitution ». Pour éviter cette loi de contrainte qu'il trouvait imparfaite, mal conçue et gênante, mais qu'il avait pourtant acceptée sur « la foi du serment », il n'y avait qu'un moyen.., « c'était de la réviser ou de la violer entièrement » (1).

Dans cette alternative sans issue qui ne laissait aucun autre espoir de salut et qui devint une impasse, Louis Bonaparte, en homme hardi et dont la rouerie n'était pas un des moindres fleurons qui ornaient son caractère, voulut tenter « un petit coup » avant « le grand », instinct de race et noble habitude. Sans gène aucune et aussi sans hésitation comme sans vergogne, il osa demander la révision « du Pacte fondamental » qui régissait la France républicaine.

Cette demande intempestive autant qu'inattendue, murement réfléchie d'ailleurs, était un piège adroitement tendu, mais qui fut découvert, car elle visait « la suppression » de l'article 45 de la Constitution, qui empêchait de réélire Louis Bonaparte aux élections de 1852.

La Chambre des Représentants accepta néanmoins l'offre qui lui était adressée, mais après

(1) La Constitution avait déjà subi un attentát le 31 Mai 1850 par une loi qu'avait votée, d'accord avec Louis Bonaparte, *la Majorité royaliste* de l'Assemblée et par laquelle on fit disparaitre des listes électorales *trois millions d'électeurs inscrits* (3,000,000).

« cinq jours » d'une discussion très vive et le 20 Juillet 1851, la proposition fut rejetée par 97 voix de majorité.

Cet insuccès, qui le fit bondir d'indignation et lui donna un accès de farouche colère, n'était pas le seul qu'avait éprouvé le Chef de l'Etat.

Incorrigible et audacieux, invariable dans ses prétentions et sans être découragé le moins du monde, il avait aussi témoigné l'intention d'avoir un supplément de crédit évalué à « un million huit cent mille francs » (1,800,000), rien que cela! pour renforcer son budget de Président, subvenir avec plus de largesse aux dépenses de l'Elysée où la vie coutait cher, et pour l'aider aussi à payer les dettes énormes qu'il avait contractées.

En outre, les créanciers, qui avaient l'œil sur les échéances, l'engageaient à ne pas oublier sa signature, mais à y faire honneur aussi vite que possible.

A bout d'expédients et rendu au bord du fossé qu'il devait franchir au risque de faire la culbute; n'ayant pu réussir à biffer de la Constitution le maudit article 45 et assuré que dans dix mois il ne serait plus rien, Louis Bonaparte, dont le coup d'œil était aussi rapide que malin, résolut d'imaginer et de traiter une affaire qu'on n'avait jamais vue, d'accomplir un acte incroyable pour les futures générations et qui devait le rendre célèbre..., en lui otant, bien entendu, l'honneur insigne de figurer au Panthéon.

Peu soucieux d'encourir les flétrissures que la Justice de l'histoire applique toujours au crime et à l'infamie, le Président de la République prit la résolution extrême d'organiser un vaste complot qui fut le quatrième et dernier du nom. N'ayant pu obtenir de faire réviser la Constitution et se voyant bientôt perdu, il se mit à l'œuvre pour « la violer » avec l'intention bien arrêtée de « l'abolir ensuite ».

Maintes fois déjà il avait causé de cette affaire avec son ancien compagnon « Fialin » et son frère « de Morny » (1); mais l'heure était venue de substituer les actes aux paroles, de délibérer sans retard et de commencer au plus vite cette nouvelle entreprise, ...dont « le succès » devait conduire plus tard nos armées à « une déroute »

(1) M. de Morny était « un enfant naturel » et frère utérin du Président de la République, c'est-à-dire, fils de la reine « Hortense » et « d'un père quelconque ». — Il parait que cette reine avait une humeur facile et une vertu complaisante quoiqu'elle fut l'épouse de Louis Bonaparte, roi de Hollande et frère de Napoléon Ier.

et la France aux évènements désastreux d'une « seconde invasion ».

— Mes amis, dit Louis Bonaparte à ses deux acolytes réunis dans un conciliabule tenu à l'Elysée, vous n'ignorez pas le vote qui a eu lieu et la décision récente de la Chambre, décision qui, en maintenant l'article 45, interdit ma réélection l'année prochaine. Ma situation s'aggrave ainsi au lieu de s'améliorer ; elle est très sérieusement compromise et devient intolérable : « il faut que j'en sorte ».

— Et le plus tot ne sera que le mieux, dit Fialin, car il me tarde de pouvoir acheter une paire de bottines.

— Ma position n'est guère meilleure, ajouta de Morny, mes propriétés sont en vente et mon vieux chapeau déformé aurait grand besoin d'un coup de fer réparateur. Toi au moins, dit-il à « son frère », ta rétribution mensuelle de Président te procure le bonheur d'avoir toujours une pièce de cent sous à ton service.

— Tu appèles ça un bonheur, répliqua Louis Bonaparte; sache donc, mon cher ami et frère, que mon ambition n'a pas de bornes: elle est immense et rien ne peut la rassasier. Il me faut des millions, encore des millions et toujours des millions.

D'abord, j'en dois deux et peut-être davantage : un ou à peu près à cette bonne lorette que j'avais en Angleterre, mademoiselle Howard, qui m'a longtemps entretenu et que j'ai enfin ruinée, mais dont je veux faire « une marquise » lorsque je serai Empereur. — Je dois aussi 340 mille francs au marquis de Pallavicini; 500 mille au maréchal Narvaëz et enfin.... etc., etc. Si j'avais au moins la réputation d'être un débiteur à demi solvable, passe encore,... mais non ! et quoique Président de la République, je n'inspire aucune confiance, car un banquier richissime qui me connait, vient de refuser « ma signature » apposée sur quatre traites de 10 mille francs chacune.

— J'avoue, dit Fialin, que lorsqu'on est ainsi dans le pétrin, « tous les moyens sont bons pour en sortir ». Dans ce but il est permis d'avoir de larges aspirations, comme tu viens de l'annoncer et alors il faut se tourner vivement du coté de la « grosse caisse », non pas celle du régiment qui est toujours vide, mais de celle du «Trésor public » toujours abondamment pourvue.

— Bravo ! ajouta de Morny, quand on aspire au Trone, c'est à la Finance qu'on en veut, et alors « on n'aspire jamais assez ». — D'ailleurs « un trone » qui n'a pas « le sou » est comme l'honneur sans argent : il n'enrichit personne,... parce que personne n'en veut.

—Ton raisonnement est aussi clair que logique, répondit Louis Bonaparte, et si j'ambitionne de succéder à mon Oncle.... ce n'est pas pour « la gloire » et encore moins pour « l'honneur » auquel je ne tiens pas du tout... c'est tout bonnement pour m'emparer de la Caisse et l'avoir à ma disposition. — La séance est levée; nous sommes d'accord sur le but que nous poursuivons; séparons nous et que chacun travaille maintenant à démolir au plus tot « cette maudite gueuse de République ».

III

Depuis longtemps il y avait conflit entre le Pouvoir législatif et le Pouvoir exécutif, entre la Chambre et le Président de la République dont les prétentions excessives avaient donné lieu à de graves soupçons qui n'étaient pas sans fondement.

De là, une méfiance de part et d'autre qui s'accentuait chaque jour et qui finit par tendre la situation à un tel point, que vers le commencement de 1851 on parlait « d'un Coup d'Etat » sur lequel chacun donnait son avis.

Ce qui n'était pas bien clair ni connu alors, devint certain et positif quelques mois après, car vers le milieu de l'année on sut que les préparatifs étaient terminés et que « l'attentat » devait avoir lieu pendant les vacances parlementaires, c'est-à-dire, du 10 Aout au 4 Novembre 1851.

Les généraux SAINT-ARNAUD et MAGNAN firent surseoir à l'exécution de ce projet qui visait d'abord la dissolution de la Chambre, ce qui, en son absence, aurait eu un caractère d'illégalité.

« Les trois insurgés », ou si on veut, les trois ruinés insolvables, Bonaparte, de Morny et Fialin, avaient déjà pris les mesures nécessaires et toutes les précautions qu'exigeaient la gravité des circonstances et le succès de l'entreprise.

Il fallait d'abord donner le change à des bruits compromettants, détourner «l'opinion publique», garder un secret absolu, agir vigoureusement et enfin, trouver « des hommes sans honneur, sans conscience et sans cœur » qui voulussent préter la main à l'acte criminel qui devait bientot s'accomplir.

En outre, des changements notables avaient déjà été faits dans l'armée et dans les administrations publiques. « Vingt généraux » avaient promis leur concours ; la date du Coup d'Etat avait même été choisie par Louis Bonaparte dans le catalogue des victoires de son Oncle et fixée au 2 Décembre, jour anniversaire de la fameuse bataille d'Austerlitz.

La veille du Coup d'Etat il se produisit un fait annonçant les projets du lendemain. Un ordre parti de l'état major de la garde nationale de Paris ? informait que le rappel ne serait pas battu, et dans ce but, le colonel Vieyra, chef dudit état major, fit percer la peau de tous les tambours.

L'heure du crime et des malfaiteurs étant indiquée d'ordinaire par « l'obscurité », la sombre nuit du 2 Décembre était bien celle qu'il fallait à des laches conspirateurs, pour cacher les horreurs du projet infernal qu'ils allaient exécuter.

Dans cette nuit fatale où tout le monde reposait tranquillement à Paris et en Province, excepté les audacieux affiliés au guetapens, dans cette nuit fatale, dis-je, le palais de l'Assemblée Nationale fut cerné par « les troupes » qui en gardèrent ensuite toutes les issues.

Ce fut le colonel Espinasse, depuis général tué à Magenta, qui voulut bien accomplir ce joli coup de surprise vers deux heures du matin, et avec son régiment le 42e de ligne.

Dans la même nuit et au moment où les soldats d'Espinasse envahissaient le Palais Législatif, « des commissaires de police » raflaient soixante dix huit personnes qui furent arrétées à domicile et dans leurs lits.

Il y avait dans ce nombre seize Représentants du Peuple, savoir: les généraux Cavaignac, Changarnier, Bedeau, Lamoricière et Leflô ; le lieutenant colonel Charras, le capitaine Cholat et le lieutenant Valentin; puis, MM. Thiers, Baze, Beaune, Greppo, Miot, Lagrange, Nadaud et Roger (du Nord); venait enfin une liste de soixante deux autres victimes « du gredin » qui logeait à l'Elysée. A sept heures du matin, ce travail était fini et tous les prisonniers rendus en cellule à Mazas.

IV

Dans la matinée du 2 Décembre 1851, les Parisiens n'eurent pas besoin de lire la gazette pour savoir ce qu'il y avait d'intéressant et de nouveau en politique :.... la parole était aux évènements.

Un décret affiché de bonne heure, signé de LOUIS BONAPARTE et de son frère DE MORNY, devenu ministre, annonçait la dissolution de l'Assemblée Nationale, celle du Conseil d'Etat et la mise en état de siége dans le département de la Seine formant la 1re division militaire.

Cette nouvelle à sensation profonde et vive, jointe à celle des arrestations opérées la nuit, courut avec la rapidité d'un puissant jet électrique : la commotion fut si violente que Paris resta immobile et consterné.

L'étonnement était partout et l'alarme nulle part ; on s'interrogeait avec une curiosité inquiète et même craintive; chacun donnait son avis et les conjectures allaient leur train.

Une telle situation favorisait évidemment « les insurgés bonapartistes » et leur donnait de magnifiques espérances. On essaya bien de faire de l'opposition, comme je vais le dire, et d'organiser la résistance, mais il était trop tard : le premier coup avait déjà réussi et le second Empire allait commencer.

Dans cette journée du 2 Décembre les Représentants eux-mêmes étaient surpris et tout à fait désorientés. Quoiqu'ils eussent des vues politiques différentes qui les divisaient en deux camps distincts, ils auraient dû s'entendre à ce moment de « péril social » et tenter une action commune, qui, si elle n'avait pas abouti, aurait au moins donné la satisfaction d'avoir essayé.

Quelques uns d'entre eux appartenant à la droite ayant voulu se rendre au Palais, y trouvèrent le 42e de ligne qui leur barra le passage et les fit rebrousser chemin, non sans les avoir indignement brutalisés.

Pendant que cette bousculade avait lieu, « une quarantaine de députés » parmi lesquels plusieurs républicains, se trouvaient réunis dans la salle des séances où ils étaient entrés à la sourdine, et d'où ils ne tardèrent pas à être chassés aussi lestement que les premiers.

Il est évident que dans une telle situation « les lois » n'existaient plus, car elles étaient toutes violées par la force bestiale et armée qui primait « le droit et la justice ».

Ce n'était donc pas le moment d'agir par « la légalité » qui était méconnue et abolie, mais d'en sortir au plus vite au contraire et d'opposer « la force à la force », par un appel direct au patriotisme des habitants de Paris.

Au lieu de prendre cette résolution virile qu'imposaient les faits accomplis et le sentiment du devoir, les Représentants du Peuple, appartenant surtout à « la droite », avaient le manie de protester en lisant l'article 68 de la Constitution déjà démolie, et de vouloir se réunir n'importe à quel endroit.

Dans ce but, beaucoup de Représentants, toujours de « la droite », qui s'étaient réunis chez M. Daru, résolurent d'aller tenir séance à la Mairie du Xe arrondissement. En même temps qu'on délibérait ainsi chez M. Daru, vice président de l'Assemblée en dislocation, « une douzaine » de républicains qui se trouvaient chez M. Crémieux furent pris et conduits en prison.

Le même jour, en effet, 2 Décembre 1851 et à onze heures du matin, un grand nombre de Représentants se réunirent en Assemblée Nationale à la Mairie du Xe arrondissement, y tinrent une séance qui fut la dernière et où se rendirent fort peu de Membres de la gauche républicaine.

V

En présence de la situation exceptionnelle et grave où se trouvait l'Assemblée, grande était son agitation et plus grand encore fut son embarras pour choisir une décision.

Le président Vitet ouvre la séance après la constitution du bureau; il annonce qu'une protestation a été déjà signée et qu'il serait peut-être convenable et prudent de quitter la salle de la Mairie pour aller tenir la réunion ailleurs.

M. Berryer comprit qu'un changement de local n'offrait aucune sécurité; qu'il valait mieux laisser tous les incidents inutiles de coté; qu'il fallait agir et pas tant discuter, parce que, dit-il, « nous n'avons peut-être pas un quart d'heure à nous ».

Il proposa donc de rendre un décret de déchéance contre Louis Bonaparte, «Président de la République », et statuant que l'Assemblée Nationale serait investie « du pouvoir exécutif » — sinon « de fait », du moins « de droit », bien entendu,— et toujours en vertu de l'article 68 de la Constitution.

Au moment où le bureau s'occupait de la rédaction du décret de déchéance, le trouble et surtout l'indécision régnaient dans l'Assemblée.

— Voici un projet de proclamation, disait un représentant.

— Donnez-en lecture, lui disait un autre.

— Nous avons autre chose à faire, répondait Berryer.

— Le décret, le décret, cela suffit, criaient les uns.

— Qu'on fasse battre le rappel, disaient les autres.

— Dépêchons-nous, se mit à crier un représentant, « voilà la force armée qui arrive ».

A cette nouvelle qu'on n'attendait pas encore, car il n'était que midi trente à peu près, les membres du bureau grimpent tous sur leurs sièges où ils restèrent un moment debout.

— Silence! Messieurs, dit le Président.

— Je demande qu'on envoie une députation qui sommera la troupe de se retirer au nom du Peuple, dit un membre.

— Oui, oui, de toute part, c'est cela, vite une députation.

— Soyez calmes, Messieurs, répéta le Président. Notre devoir est de rester en séance et d'attendre.

— Vous ne vous défendrez que par la révolution, dit le citoyen Pascal Duprat.

— Nous nous défendrons par le droit, répliqua Berryer.

— La loi, la loi, pas de révolution, crièrent plusieurs voix.

— Il faut envoyer dans toutes les parties de Paris, continua Pascal Duprat, principalement dans les fanbourgs et dire à la population que l'Assemblée Nationale est debout, que l'Assemblée a dans la main toute la puissance du droit, et qu'au nom du droit elle fait appel au Peuple : c'est votre seul moyen de salut.

— On monte! on monte! se mit-on à crier du fond de la salle, et en effet, un sergent et une escouade de douze chasseurs de Vincennes occupaient déjà l'escalier.

Après le sergent qui se retira parce qu'il ne fut pas écouté, vint un capitaine exerçant les fonctions de chef de bataillon, et auquel le Président intima l'ordre de se retirer, toujours au nom de la Constitution.

— J'ai des ordres ; je ne puis me retirer, dit cet officier supérieur.

— N'oubliez pas que vous devez obéissance à la Constitution et à l'article 68, répliqua M. Jules Grévy.

— L'article 68 n'est pas fait pour moi, répondit le capitaine.

Ce malheureux article 68, en effet, avec lequel on prétendait bombarder le Coup d'Etat, ne pouvait atteindre personne; il devenait inoffensif, et « le capitaine » comprit tout de suite que cet engin de guerre avec lequel on voulait lui faire peur, était simplement « un obus en papier » écrit avec de l'encre, tout comme la Constitution où il était contenu et qui servait à le lancer.

La réponse du capitaine justifiait amplement la déclaration patriotique déjà faite par le citoyen Pascal Duprat : «Vous ne vous défendrez que par la Révolution ».

VI

L'accès de peur ou de violente surprise occasionné par la visite « du sergent et du capitaine », indiquait l'insuffisance des appels à la légalité.

Le décret de déchéance, la lecture de la Constitution et du terrible article 68 (1), tout cela constituait « presque un enfantillage » dont se moquaient avec raison « les insurgés bonapartistes », qui avaient à ce moment là des forces considérables à leur service :... 20 généraux, les 40 commissaires de police de Paris et de 55 à 60 mille hommes de troupes qui n'attendaient que le moment d'obéir à la consigne.

En présence d'un complot dont l'organisation était aussi formidable, toute mesure pacifique,

(1) Cet article 68 était ainsi conçu : « Toute mesure par laquelle le Président de la République dissout l'Assemblée Nationale, la proroge ou met obstacle à son mandat est « un crime de haute trahison ». Par ce seul fait, « le Président est déchu de ses fonctions »; les citoyens sont tenus de lui refuser obéissance. Le pouvoir exécutif passe de plein droit à l'Assemblée Nationale. Les juges de la Haute Cour, etc., etc.

toute résistance légale devenait complètement inutile. L'Assemblée soi disant nationale, finit donc par comprendre que ce n'est pas en lisant « aux malfaiteurs » les articles du Code pénal qu'on se défend contre les criminels et les voleurs.

Aussi, les 220 Membres qui la composaient essayèrent-ils de se montrer énergiques et braves par un dernier et suprême effort, qui mit le comble à leur imprévoyance et à leur faiblesse :... ils investirent le général Oudinot de Reggio, qui était à la séance, du commandement de la troupe de ligne et de la garde nationale de Paris.

C'était d'abord nommer « un chef d'armée sans soldats », et choisir ensuite « un homme » qui avait un titre bien connu à « l'impopularité », surtout à celle des Parisiens, car c'était le même général Oudinot qui avait été à Rome assassiner la République en 1849.

Ce commandant « pour rire » accepta néanmoins la haute mission qui lui était confiée, et quelques minutes après il entrait en fonctions, lorsque arriva « un officier » du 6e bataillon des chasseurs de Vincennes qui portait des ordres sérieux et précis.

« Le nouveau général » se présente à l'officier en lui disant : — Nous sommes ici en vertu de la

Constitution ; l'Assemblée vient de me nommer commandant en chef, je suis le général Oudinot, vous devez reconnaitre son autorité, vous lui devez obéissance.

— Mon général, répondit l'officier, j'ai reçu des ordres.

Deux sergents ayant voulu dire quelques mots à leur chef :

— Taisez-vous, leur dit le général Oudinot, vous n'avez pas le droit de parler.

— Si ! j'en ai le droit, répliqua l'un des sergents.

Le colloque fut ainsi continué sur ce ton, mais avec certaines variantes et jusqu'à l'arrivée de « deux commissaires de police ».

— Nous avons ordre de faire évacuer les salles de la Mairie, dit l'un de ces représentants de la force publique ; êtes-vous disposés à obtempérer à cet ordre ?... Nous sommes les mandataires du Préfet de police.

— Monsieur le commissaire « connait-il l'article 68 de la Constitution ? » demanda le Président de l'Assemblée.

— Sans doute, nous connaisons la Constitution, répondit le commissaire, mais dans la position où nous nous trouvons, nous sommes obligés d'exécuter les ordres de nos chefs.

— Au nom de l'Assemblée, dit enfin le Président, je vais faire donner lecture de l'article 68 de la Constitution.

Toujours la même rengaine et le malheureux article 68 en avant.

VII

Ennuyé de toutes ces vaines formalités parlementaires qu'il n'avait pas l'habitude d'entendre, et à bout de patience, l'autre commissaire lacha ces mots impératifs aux soi disant Mandataires du Peuple : « Sans plus attendre », leur dit-il, « nous vous sommons, que ce soit à tort ou à raison, de vous disperser. »

Alors éclata un vif murmure d'inutiles protestations, qui ne prit fin qu'à l'arrivée d'un officier porteur d'un ordre ainsi conçu :

« Commandant, en conséquence des ordres du Ministre de la guerre, faites occuper immédiatement la Mairie du Xe arrondissement, et faites arréter, s'il est nécessaire, les Représentants qui n'obéiraient pas sur le champ à l'injonction de se diviser.

» *Le Général en Chef:*

» MAGNAN. »

Après une explosion nouvelle de violents murmures, un second officier se présente avec un ordre à la main qui n'était pas moins explicite que le précédent, et dont il opposa la lecture à celle de l'article 68.

Alors, plus moyen de moyenner une conciliation, le moindre accord, ni même une trève : il fallait obéir ou aller en prison. Au même instant partit de tous les coins de la salle ce cri de désespoir et d'un sentiment de patriotisme douteux : « Tous à Mazas ! »

« Oui, oui, dit Emile Leroux, allons à pied ! »

Quinze ou vingt minutes plus tard environ, tous ces hommes de paille étaient faits prisonniers et se mettaient en route entre deux haies de soldats ayant en tête le général Forey.

Dans cette journée du 2 Décembre où « les réactionnaires » de la Chambre furent pris dans le même coup d'épervier, les Représentants de la gauche et de la Montagne ne restèrent pas inactifs. Ils tinrent différentes réunions à plusieurs endroits; tous comprirent et furent d'avis qu'une manifestation « en chambre » comme celle du Xe arrondissement devenait inutile, qu'il fallait agir, appeler aux armes les citoyens, opposer la force du Peuple à celle de « l'insurrection napoléonienne »; défendre la Constitution et combattre enfin pour le salut de la République.

Un comité de résistance fut donc organisé dans ce but pour le lendemain 3 Décembre et dont les promoteurs furent Victor Hugo, Schœlcher, Michel de Bourges, Madier de Montjau, de Flotte, etc.

L'Assemblée Nationale de cette époque se divisait en « deux camps opposés » ayant chacun un nom distinct : « la Montagne et la Plaine », ou, comme on disait en province : « la Montagne et le Marais». Ces positions respectives marquaient, « pour chaque groupe », l'étendue de « l'horizon politique» dans lequel il devait se mouvoir et dont le cercle était plus ou moins restreint.

Il est évident en effet, que les Représentants qui siégeaient sur les hauteurs de la Montagne, voyaient beaucoup plus loin et plus clair que leurs collègues qui pataugeaient et barbotaient dans les marais de la Plaine.

« Les premiers », qui étaient les mandataires du Peuple, avaient pour horizon visuel les bornes de la France entière et pour but réel « le triomphe de la République ».

« Les seconds », au contraire, qui étaient les représentants d'une Royauté quelconque, légitimiste ou orléaniste, ne voyaient que « la restauration du Trone avec l'affermissement de l'Autel ».

Ces quelques détails serviront à expliquer l'indolente et paresseuse conduite de « la Majorité royaliste » réunie au X° arrondissement, conduite régulière et fort correcte d'ailleurs, car elle était conforme aux aspirations traditionnelles de cette partie de l'Assemblée.

Ennemie « du Peuple et de la Souveraineté Nationale » qui en est l'organe, la Réaction d'alors — comme celle d'aujourd'hui — n'avait qu'un seul désir : voir tuer la République, accepter le fait accompli, chanter des *Te Deum* et se coucher ensuite aux pieds « du Vainqueur » pour mendier et obtenir des emplois.

VIII

Les Membres du Comité de résistance déjà organisé avaient fait un appel au Peuple rédigé par le citoyen Victor Hugo. « Ces montagnards » clairvoyants et résolus allaient donc essayer de faire quelque chose et de substituer leur action vigoureuse à l'inertie non équivoque de leur collègue de « la droite ».

Dans ce but et le matin du 3 Décembre ils tinrent une réunion avec d'autres républicains qui s'étaient joints à eux. Après avoir pris une délibération, la seule bonne qu'exigeait la gravité des circonstances, les Représentants, ceints de leurs écharpes, se rendirent dans certains quartiers afin d'enhardir le Peuple, de le soulever et de lui faire prendre les armes contre les révolutionnaires « bonapartistes ».

La matinée s'écoula sans grand enthousiasme et peu d'entrain. Une première barricade fut néanmoins établie dans le faubourg Saint-Antoine, mais les ouvriers qui l'avaient construite, une centaine environ, n'étant pas armés, il leur fut impossible de la garder et encore moins de la défendre.

Elle tomba bientot au pouvoir des « soldats » insurgés pour Bonaparte, mais au prix d'un grand sacrifice, baptisée et rougie avec le sang de l'héroïque et jeune docteur Baudin, représentant du Peuple, qui mourut sans pousser un cri, frappé de trois balles à la tête.

Par suite de cet insuccès et du sanglant épisode qui l'avait couronné, les Représentants quittèrent le faubourg Saint-Antoine pour aller sur d'autres points où l'élan populaire semblait plus facile et plus accentué.

La mort de Baudin circula dans Paris avec une extrême rapidité, en même temps qu'elle donnait une impulsion nouvelle au mouvement de la résistance.

Des groupes nombreux ayant une attitude significative se formèrent en divers endroits; l'agitation était vive, mais elle grandissait avec une lenteur qui marquait une certaine indécision dans le parti républicain.

Les citoyens Victor Hugo, Madier de Montjau, de Flotte, etc., voulaient une action énergique, prompte et immédiate; d'autres au contraire, moins ardents par imprévoyance, étaient d'avis qu'il valait mieux attendre. Toutes ces divergences d'opinions étaient d'autant plus regrettables et facheuses, qu'elles compromettaient, en le retardant, le résultat qu'on voulait obtenir. C'était donner au Coup d'Etat le temps de mieux s'organiser, de prendre de meilleures dispositions en rectifiant celles qui avaient déjà été adoptées : c'est ce qui arriva.

Dans beaucoup de quartiers on avait mis des affiches indiquant le danger de la situation, et appelant aux armes les citoyens timides et d'autres restés jusqu'alors indifférents. Les têtes s'exaltèrent vite, les esprits s'échauffèrent de mème et bientot s'agitèrent, comme en temps de révolution, des groupes menaçants et résolus.

Toutes ces manifestations tardives et presque sans armes, étaient improvisées ; elles n'avaient pour mobile que l'initiative individuelle qui agissait ainsi sans méthode, sans un accord prévu ni plan combiné.

Quoique les chances d'un succès fussent douteuses, on construisit néanmoins « un grand nombre de barricades », et dans la soirée, l'aspect de la Grande Ville était tout autre qu'auparavant. La lutte qui fut engagée vers trois ou quatre heures, devint inquiétante pour «le gouvernement insurgé » que Louis Bonaparte avait établi de cette manière :

MORNY (de), ministre de l'intérieur.
SAINT-ARNAUD (de), ministre de la guerre.
FOULD, ministre des finances.
TURGOT (de), aux affaires étrangères.
ROUHER, à la justice.
DUCOS, à la marine, etc.
FORTOUL, instruction publique.
MAGNE, travaux publics.
LEFÈVRE-DURUFLÉ, agriculture, etc.

IX

En présence du soulèvement populaire et du danger qui le menaçait, « ce gouvernement de traitres et d'usurpateurs » combina de nouvelles dispositions stratégiques pour mieux assurer le triomphe de son guetapens.

« La bande entière » des conspirateurs empanachés et galonnés, prescrivit des mesures sauvages et donna des ordres barbares dont voici un échantillon :

Le Ministre de la guerre,

Vu la loi sur l'état de siége,

Arrête :

« Tout individu » pris construisant ou défendant une barricade, ou les armes à la main, « sera fusillé ».

Le Général de Division,
SAINT-ARNAUD.

Dès ce moment, il fut bien compris et entendu que « les véritables insurgés, les malfaiteurs et les brigands » n'étaient pas « ceux » qui attaquaient la République pour la dévaliser d'abord, l'assassiner et la piller ensuite, mais « ceux au contraire » qui voulaient la garder, la conserver et la défendre par les barricades et au péril de leur vie.

C'est d'après cette opinion que raisonne encore aujourd'hui « Tout » ce qu'il y a de mieux dans le rebut des amateurs du Coup d'Etat.

Bien loin de restreindre le nombre des défenseurs de la Constitution violée et du Droit méconnu, ou d'arréter l'agitation commencée, « la menace » du farouche Saint-Arnaud ne fit que l'augmenter et la grossir davantage sans pouvoir l'intimider.

Restée calme et inoffensive, la majeure partie des habitants de la Capitale finit par comprendre que « les soldats en armes » qui parcouraient les rues conduits par « leurs chefs », ne se trouvaient pas réunis ainsi pour faire l'exercice, mais pour effrayer « la population » et l'exciter à sortir pour mieux la fusiller.

En présence de toutes ces provocations audacieuses et criminelles, la résistance s'organisa vigoureuse et formidable, à tel point, que le soir de ce même jour 3 Décembre, Paris était debout et en pleine révolution, pret à soutenir la lutte certaine du lendemain.

Dans ces prévisions, « les chefs militaires » du complot ou du Coup d'Etat auquel ils étaient vendus, et qui s'accordaient tous comme des gueux et des larrons en foire, tinrent « un conseil de nuit » en vue de modifier leur plan d'attaque et de prendre une résolution extrême.

La chose n'était pas facile, car les généraux présents à cette réunion avaient beaucoup plus l'habitude de combattre en rase campagne que dans les villes et surtout dans Paris, où les puissants moyens de défense avaient déjà procuré d'éclatantes victoires.

Il était donc urgent de recourir à de nouvelles combinaisons et de changer de tactique pour éviter un échec et assurer le triomphe.

M. de Morny, ministre de l'intérieur, qui se trouvait dans la bande des conspirateurs réunis, était le moins découragé, le moins indécis et fut « le plus habile de tous ».

Il commanda, séance tenante, d'exécuter les ordres qu'il avait déjà donnés et qui consistaient à laisser faire des barricades, à investir les principaux quartiers où la foule est toujours nombreuse, et « à frapper ferme de ce côté ».

L'exécution de ce nouveau plan d'opération réussit à merveille, et le lendemain au soir, 4

Décembre, Louis Bonaparte, triomphant et victorieux sur toute la ligne, pouvait se réjouir en chantant ces quelques mots : « Et si j'ai gagné la bataille, c'est que j'avais un bon ministre. »

X

La situation de Paris au 4 Décembre 1851 était la même que celle d'une importante et grande ville appelée Kaca-Fou-Ya, ancienne capitale d'un riche et puissant royaume du continent indien, aujourd'hui le Jey-Poor.

Un beau jour et au moment où elle s'y attendait le moins, cette métropole fut surprise et envahie par « des brigands armés », inconnus jusqu'alors, mais qui venaient sans doute du fin fond de la Tartarie chinoise.

Nous voici, dirent-ils aux habitants, pour vous soustraire à un péril certain qui vous menace et que vous ne voyez pas, c'est à dire pour sauver « la Société menacée », gouverner dans toutes les règles de l'art et vous faire gouter les délices d'un bonheur sans exemple.

Vous voyez que nous sommes pleins de bonnes intentions; laissez-nous mettre à l'œuvre, et vous verrez bientot que par une gestion nouvelle, mieux comprise et conforme aux intérets de la Nation, vos affaires marcheront comme sur des roulettes.

Notre chef de bande ou de tribu est un nommé Lé-On Sou-Louque, homme pétri d'audace, de rouerie et d'ambition, ayant déjà fait deux tentatives infructueuses de ce genre et qui n'a jamais connu son père, mais dont la batardise n'influe en rien sur ses belles et rares qualités.

Les principaux satellites qui le servent et qu'il manœuvre comme des pantins, ont des noms assez respectables et bien connus, ce sont : Kar-Touche, Man-Drin, Kam-Alet, Mi-Na, Bou-Maza, Bou-Amena, Zim-Boum-Boum, Ram-Ram et autres rudes lapins de la première « lapinée ».

Habitants de Kaca-Fou-Ya ! lisez nos proclamations affichées dans les rues depuis deux ou trois jours et vous serez édificiés sur nos desseins, nos aspirations ou notre but. D'ailleurs, pour vous convaincre des solides et des bons sentiments qui nous enflamment « à votre égard », nous vous donnons le charitable et dernier avertissement que voici :

Ne bougez pas; restez chez vous et n'en sortez pas si vous tenez à rendre facile notre œuvre de restauration. Pas de groupes et encore moins d'attroupements dans les rues. Soyez donc sages; montrez-vous pacifiques et calmes et tout ira bien pour « la sécurité publique ». Nous voulons la paix et surtout « l'obéissance » dont nous avons besoin pour le triomphe de « la bonne cause ».

Encore une fois, lisez avec soin nos affiches ; essayez de bien les comprendre « et surtout de vous y conformer », car toute infraction serait un acte d'hostilité sévèrement puni.

« Les chefs militaires » des 30 mille soldats casernés en ville — sans compter le même effectif disponible au besoin — ont pris une délibération « hier au soir » : d'un commun accord, « tous » ont résolu de « frapper ferme » et de vaincre à tout prix.

Quand les Kaca-Fou-Yens virent que ces gens là étaient habillés comme eux et qu'ils parlaient le même langage, ils comprirent qu'ils n'avaient pas affaire avec des étrangers, mais avec « des compatriotes » formant « une horde » de véritables assassins à laquelle il était urgent d'opposer une vive résistance, au risque de se faire écraser.

De braves habitants se réunirent donc au nombre de 12 à 15 cents environ, et se mirent en train de construire des barricades pour arrêter ou gêner la circulation des 30 mille soldats fortement imbibés d'alcool, et qui, avec leurs chefs, se balançaient dans les rues avec une cranerie sauvage et un maintien crapuleux.

XI

Dans une telle situation, un conflit sérieux était inévitable. La lutte s'engagea donc vers deux ou trois heures de l'après midi, lutte inégale de quelques centaines de braves et honnêtes citoyens contre une armée de barbares avinés.

Des combats partiels eurent lieu encore sur divers points de la ville, mais sans résultat positif, vu l'acharnement de l'attaque et de la défense.

Je n'ai pas besoin d'attester que la population de Kaca-Fou-Ya, surprise et attirée par le tumulte insolite qui troublait son repos habituel, ne tint pas compte des ordres et des avertissements donnés par la bande à Sou-Louque.

Naturellement excitée par « la curiosité », une foule immense, inoffensive et calme, quoique indignée, se répandit bientot dans les rues « en se promenant », et comme d'habitude, elle ne revint pas à domicile sans avoir parcouru les voies spacieuses que nous appelons en France les « boulevarts » (1).

Le moment prévu et bien choisi était donc arrivé, il ne restait plus qu'à exécuter le plan conçu la veille par « les hauts dignitaires » de l'assassinat et du guetapens. A la même heure où les patriotes construisaient et défendaient les barricades, une épouvantable fusillade et des charges de cavalerie furent dirigées sur « la masse énorme » de paisibles citoyens qui stationnaient sur les boulevarts.

Cette brusque attaque, sauvage et barbare produisit bientot l'effarement et la terreur. Tout le monde fuyait pour éviter la mort, et cette fuite précipitée, bien loin d'arréter les soldats transformés en bourreaux ou de ralentir leur ardeur, les excitait à frapper davantage et de plus fort en plus fort. On ne tint plus compte de rien; pas

(1) « Les boulevarts » primitifs étaient des emplacements neutres couverts de « verdure » où l'on jouait aux quilles avec une «boule». Pour se donner un rendez-vous, le peuple disait: Allons « au boule vert », c'est-à-dire à l'endroit où l'on fait courir « une boule sur le vert ». De « boule-vert », on a fait « boulevard », qui doit s'écrire « boulevart » pour se conformer à l'indication étymologique et finale du mot « vert. »

même des règles de l'art et des lois militaires qui impliquent « le devoir ».

« La férocité » des tigres donnant des ordres, jointe à « la force » des ours qui obéissaient, devint la loi suprême dictée par tous les affamés du pouvoir : il fallait gagner la victoire et ne pas s'inquiéter du prix.

Dès lors et sans faire aucune distinction d'age ni de sexe, les soldats eurent carte blanche et s'amusèrent à tuer de leur mieux par ordre de leurs chefs qui leur criaient : «Tirez aux femmes.»

On fusilla ainsi non seulement sur la voie publique, mais dans les corridors, par les croisées et jusque dans les magasins. Pendant et après cette horrible tuerie, le sang coulait dans les rues, et les boulevarts étaient jonchés de morts, de blessés et de mourants. On n'a jamais connu le nombre des victimes des deux sexes impitoyablement abattues dans ces journées de massacre : il n'est pas d'usage de dresser un état civil mortuaire « lorsqu'un peuple est assassiné ».

Le soir et toute la nuit on n'entendait que des cris et des lamentations dans Kaca-Fou-Ya vaincue, désolée, pleurant ses enfants égorgés et ne pouvant être consolée...., parce qu'ils n'étaient plus.

Mais qu'importait le deuil d'une ville entière au cruel et à l'infame Sou-Louque? La jubilation qu'éprouvait « ce bandit » valait bien les sacrifices humains, les gémissements et les pleurs que son triomphe coutait à « deux millions » d'habitants.

Pour mettre le comble à des horreurs sans exemple et couronner dignement l'édifice de son criminel attentat, « le farouche vainqueur » osa monter, comme à une échelle, sur « les cadavres » entassés partout. Après avoir eu ainsi l'ignoble satisfaction de trépigner sur « les morts » et les mains encore rouges du sang répandu, il se cramponna bien vite au mat de cocagne nommé « le Pouvoir » et grimpa lestement jusqu'en haut.

Arrivé de cette manière au pinacle, objet de son ardent amour, il alla s'asseoir dans un trone vermoulu et en disponibilité, d'où il dégringola bien vite un beau jour sans pouvoir jamais plus se relever de sa chute... chute bien tardive sans doute, mais qui fut le plus utile et le plus charmant épisode de toute sa vie.

XII

Quand on parvient à régner par « la trahison et le crime », il devient impossible de gouverner autrement que par « l'arbitraire et la brutalité » : c'est une loi inévitable.

Comme tous les Malfaiteurs qui l'avaient précédé dans cette carrière de l'usurpation armée et violente, Sou-Louque fut contraint d'obéir à cette loi rigoureuse, qui est « un piège » toujours tendu où le plus malin et fougueux despotisme se laisse prendre.

Lorsqu'il eut choisi le titre de Roi, équivalant chez nous à celui d'Empereur, le fier Monarque alla droit son chemin les yeux fermés par « l'ambition », et organisa un nouveau système de gouvernement, système absurde, détestable et odieux en ce qu'il était « un ramassis » de toutes les vieilleries collectionnées dans le tas des régimes déchus.

Je veux dire, on le comprend, que l'audacieux et habile Gredin qui s'était emparé du trone, avait tout mis sens dessus dessous en substituant « ses volontés aux droits de la Nation ».

Enchanté d'un résultat si longtemps attendu, content et satisfait de voir les nouveaux rouages administratifs, « abondamment graissés » d'ailleurs, fonctionner avec une précision mécanique, le triste Sire qui siégeait à Kaca-Fou-Ya n'eut d'autre soin que celui d'admirer son chef d'œuvre de destruction, et de compléter son bonheur par un dernier perfectionnement : celui de monter « une Dynastie » dont il serait le chef.

Pour fabriquer « cette guitare » déjà bien connue dans le pays et qu'un de « ses oncles » n'avait jamais pu faire jouer, il manquait à « l'inventeur » un élément indispensable que « le mariage » seul est en droit de fournir : un héritier.

Quoique démoli aux trois quarts et usé jusqu'à la corde, Sou-Louque possédait encore un restant de vigueur qui l'engageait à rompre avec un célibat hors de service, et à se conjoindre avec n'importe quelle gourgandine.

Pas une famille honnête, noble ou tant soit peu roturière du continent indien, n'aurait voulu s'unir à une Majesté de rencontre issue « d'un crime », et servir de souche à un arbre dynastique arrosé « de sang humain ».

Bien fixé à cet égard, Sou-Louque ne chercha pas des alliances distinguées : il comprit « qu'une demoiselle » ayant presque fini de bien faire comme lui et comme lui aussi ayant couru toutes les aventures, était suffisante et assez noble pour « les besoins de la cause ».

Le célibataire infirme devenu amoureux ne resta pas longtemps à trouver une prétendue à son image, c'est à dire à la hauteur de son rang et de sa dignité.

L'heureuse Dulcinée, qui allait étre bientot madame Sou-Louque, avait écoulé sa première jeunesse à promener ses faveurs un peu partout. Ce fut à la suite d'un de ses voyages périodiques et annuels qu'elle eut la chance de racoler la haute position qu'elle a occupée avec son Don Quichotte.

Il ne faut pas confondre ici la belle Dulcinée de Toboso, espagnole de naissance et maitresse de l'ancien Don Quichotte, avec la précédente, bien connue de tout le monde: ce serait commettre une erreur chronologique de quelques siècles, et faire un rapprochement inutile.

Je ne saurais affirmer si « les futurs époux » avaient l'un pour l'autre cet amour réel qui fait la joie et le bonheur de la famille. Je veux bien le supposer, car « les gueux sont des gens heureux qui s'aiment entre eux ».

Mais ce dont je suis certain, par exemple, c'est qu'à l'occasion du mariage de Sou-Louque et le lendemain de la noce, les spirituels et facétieux habitants de Kaca-Fou-Ya dédièrent les vers suivants « au couple nouveau », assorti on ne peut mieux :

Jadis Caligula, par un fougueux caprice,
Pour en faire « un consul » choisit un étalon ;
Aujourd'hui c'est plus fort, Sou-Louque dit Lé-On,
D'un chameau réformé fait « une impératrice. »

CONCLUSION

Eu égard à l'époque où il a été fait, le Coup d'Etat à Paris, comme celui de Kaca-Fou-Ya, est le plus grand acte de « brigandage politique ou de scélératesse » qui souille les pages de notre Histoire nationale.

Les évènements ont été les mêmes dans ces deux villes capitales avec la différence que le sanguinaire Napoléon III surpasse Lé-On Sou-Louque de beaucoup, car l'assassinat commis à Paris s'étendit en Province : il y eut partout « des victimes » et jusque dans le moindre hameau.

A la suite de cet affreux attentat, des « milliers » de Français patriotes furent taxés de pillards, d'incendiaires et de voleurs par toute la jolie clique des organisateurs du 2 Décembre, qui les arrachèrent à « leurs familles » pour interner les uns, conduire les autres en prison, dans des cachots et des souterrains pour les martyriser d'abord; ensuite on les jeta sur des navires et enfin sur la terre d'exil en Algérie et à Cayenne, pour les martyriser encore mieux et avoir le plaisir barbare de les exterminer par de longues tortures.

Qu'on lise mon histoire de Proscrit et on apprendra quelle a été la conduite odieuse et ignoble des hommes de Décembre envers « les Républicains » de l'époque,... sans « lesquels » le second Empire n'aurait jamais existé.

On a déjà vu en effet que depuis son évasion du fort de Ham, Louis Bonaparte menait « une vie de bohémien » ; que la République de 1848, le sauva de « la misère et de l'exil » en le nommant son Président, et que cette bonne Mère qui le nourrissait et l'entretenait depuis « trois ans », fut assassinée par ce fils ingrat et vagabond le 2 Décembre 1851.... « pour lui avoir donné du pain avec la liberté ».

Depuis cette époque et jusqu'à l'année 1870, la France entière devint « un Bagne » administré par « des gardes chiourme ».

ÉVOCATION

I

O noble et belle France! notre Patrie et notre Mère à Tous, de quels maux n'as-tu pas été accablée et quelle douleur a jamais été semblable à la tienne, toi si bonne, si compatissante et si généreuse! Dans ta longue carrière et à des époques néfastes dont tu as gardé l'ineffaçable et poignant souvenir, tu as été trainée à « la voirie » dans le tombereau de chaque despotisme dont tu as eu à souffrir les injustes rigueurs.

II

Il y a quelques années encore, tu le sais bien! on te voyait étendue sur « l'infect fumier » du second Empire, les flancs percés et les entrailles horriblement déchirées par des hordes barbares et d'impitoyables ennemis. « Tes enfants » indignes et dénaturés, ceux là mêmes que tu nourris et que tu portes dans ton sein, jaloux que tu sois heureuse et prospère, t'abreuvent « encore du fiel » de leur plus noire et criminelle ingratitude !

III

Jaloux de ton indépendance et réduits à ne pouvoir courber « ton front sous la loi » de contrainte et d'indignité, ils voudraient encore...., « ces hommes sans patrie et sans cœur ! » éteindre ta Foi républicaine, te réduire à un mortel désespoir et à l'heure où j'écris ces lignes, ils concertent ta décadence et ta ruine après t'avoir inondée de sang, souillée de honte et couverte d'un long voile d'infamie.

IV

Victime de la trahison et de lacheté, tu es depuis longtemps accablée par le malheur et brisée par la souffrance...., mais va, pauvre Mère! essuie les larmes qui s'épanchent de tes beaux yeux et se répandent le long de tes joues amaigries. Console-toi et ne crains plus: si tu as été abattue et affaiblie, vaincue et humiliée, sache que tu ne peux être ni asservie ni domptée, mais que tu dois rester dans ton abaissement comme dans ta grandeur, ce que tu as toujours été depuis 1789.... : la Reine du Monde!

V

Sois donc patiente dans l'affliction et résignée dans tes épreuves sans te laisser abattre par l'adversité : que « la confiance » soit ton espoir et ta gardienne vigilante. Persévère dans « la sagesse » de tes sublimes efforts pour le triomphe du Droit sur la Force...., et tu vaincras, et justice te sera rendue, et tu verras enfin s'éloigner peu à peu cette coupe d'amertume suspendue à tes lèvres et qu'on voudrait te faire boire jusqu'à la dernière goutte.

VI

Oui! je te l'assure et tu peux le croire: tes angoisses auront un terme! « Les efforts des cœurs pervers et corrompus » resteront impuissants contre Toi, et dans un avenir qui n'est peut-être pas éloigné, tu sortiras de la lutte et de tes cruelles épreuves avec la palme de la victoire à la main, portant au front le diadème du triomphe et la tête ornée d'une couronne resplendissante de grandeur et de gloire !

VII

Alors ô excellente Mère! tu seras heureuse et satisfaite; tu gouteras un calme inaccoutumé, une joie indicible et une félicité durable dont tu ne saurais prévoir le terme.... Alors enfin! tu reprendras « ton role » dans l'Humanité, « ton rang » parmi les Nations restées impassibles et calmes en présence de tes infortunes et tu deviendras encore..... « pour le bonheur des Races futures...., l'Initiatrice de nouveaux progrès et de nouveaux bienfaits !!

DEUXIÈME PARTIE

INTRODUCTION BIOGRAPHIQUE

I

Né dans le département de la Gironde, le 24 Juin 1817, à Castets-en-Dorthe sur les bords de la Garonne et en amont de Bordeaux, j'appartiens à une famille qui s'était vouée de bonne heure à l'enseignement.

« Mon père » exerça les modestes fonctions d'instituteur, « sans brevet », de 1814 à 1840, et « mon frère aîné » enseignait depuis « deux ans » lorsqu'il mourut en 1830.

Quelques mois après que j'eus atteint ma seizième année, j'entrai aussi dans la carrière, sans doute poussé par « la vocation » comme disent « les apprentis curés » quand ils vont au séminaire.

Après avoir subi un examen et obtenu trois quarts de bourse, la bourse étant alors de 500 francs, je fus admis à l'Ecole Normale de Bordeaux, d'où je sortis deux ans après, en 1836, avec l'espoir de succéder à mon père qui donna sa démission en ma faveur, mais pour aller exercer encore dans une commune voisine.

Pour l'intelligence des quelques détails qui vont suivre, je dois avouer qu'à cette époque la France vivait encore à l'ombre du confessionnal et du clocher.

« La soutane », quelle que fut sa coupe et sa couleur, avait partout la haute main, soit dans le gouvernement ou dans les autres affaires du pays. Le Conseil supérieur de l'Instruction publique était bourré de prélats, « évèques » et « archevèques » ; dans les Comités d'arrondissement on y trouvait « le curé » du chef lieu et celui de la paroisse figurait toujours dans le Comité du canton.

Quand je revins de l'Ecole Normale, Castets avait à l'engrais un beau prétre auvergnat d'un poids net de 150 kilogrammes appelé « Chambon», lequel avait le titre de curé de seconde classe, c'est à dire qu'il était supérieur à tous ses congénères des quatre ou cinq communes des environs, ce qui lui donnait le droit de visiter et d'inspecter « les écoles » des mêmes localités.

Cet homme d'église qui préchait quelquefois « le bien » sans l'avoir jamais fait ni connu, m'opposa un concurrent et usa d'un procédé que voici pour empécher ma nomination d'instituteur.

Je me rendis un dimanche à l'église pour entendre vépres, histoire de tuer le temps comme on fait encore aujourdhui. Trouvant que je n'avais pas salué « l'autel » à sa fantaisie et choqué dans son despotisme qui exigeait une obéissance passive et absolue, le citoyen « Chambon » m'interpella ainsi devant un nombreux auditoire: « M. Robert! au moins une génuflexion.»

Sérieux comme un juge, debout et les bras croisés sur la poitrine, je reçus cette injonction plusieurs fois réitérée avec un calme indigné.

Mon froid silence et l'impassibilité de mon attitude rendirent « mon curé furieux », à tel point qu'il bondit vers moi pour me prendre « au collet » et me faire mettre à genoux sur les marches de l'autel.

A ce mouvement brusque et sans bouger de

place, je saisis ma chaise des deux mains et quand je vis à mon nez ce type de figure empourprée de colère et de vin, je lui envoyai à bout portant « un regard significatif », qui arréta court l'agresseur et clotura l'incident.

Contrarié d'avoir subi une capitulation en règle et voulant cacher son dépit, « Chambon » déclara séance tenante, qu'il avait été soutenu par « la grace» - lisez par « la graisse» - et qu'on allait chanter un cantique parce qu'on venait de profaner « le saint lieu ».

Bien entendu que l'impie et l'audacieux profanateur c'était « moi » et non « le curé », qui a toujours raison dans « sa boutique ».

Je ne tardai pas à comprendre que cela devait être, car huit jours après je reçus une invitation pour me rendre à Bazas devant le Comité d'arrondissement, à seule fin de me justifier de la plainte « contre moi » déposée par le dit Chambon.

Sans m'avoir vu ni entendu, bien fixé sur le compte de « l'accusateur » et « du prévenu », le Comité prit une délibération qui me fut signifiée verbalement et à titre gracieux, par M. Imbert, alors Sous-Préfet et président de ce Comité.

Quelques jours plus tard et le 9 Novembre 1836, je reçus ma nomination d'instituteur de la commune de Castets en remplacement de mon père.

II

Vaincu pour la seconde fois et enragé de cette nomination inattendue, le curé « Chambon », que rien ne pouvait dompter, reprit bientot l'offensive qui devint pour lui une longue revanche.

Il organisa un nouveau système d'attaque contre lequel il devint impossible de me défendre et même de réagir. Toujours habile et fécond en expédients malicieux et en procédés diaboliques, cet ennemi vindicatif et tonsuré s'imagina de me poursuivre jusque dans « la boite » à sermons.

Quand il montait dans ce bahut, ce qui lui arrivait tous les dimanches et quoiqu'il prêchât comme une citrouille, il « me » prenait les trois quarts du temps pour servir de texte et même d'exorde aux balivernes qu'il débitait dans un style vulgaire mélangé d'auvergnat, et dont l'ensemble formait toujours un chapitre de la chronique locale.

Un tel système de persécution dura « six » années consécutives, sans pouvoir ébranler ma patience ni altérer l'estime et la considération de mes Concitoyens. Je me sentais la force de supporter «quatre ans » encore, pour finir mon engagement décennal, les invectives de « cette bête noire», la plus tétue et la plus méchante de toute la commune.

Malgré cette résolution que j'avais prise de résister aux attaques dont j'étais l'objet, il me devint impossible d'accomplir mon vœu et d'aller jusqu'au bout. Je fus réduit à capituler et à rendre les armes en renonçant à mes fonctions.

A l'époque où je tenais Ecole on commençait à préparer le terrain pour recevoir « la bonne graine » des Congrégations religieuses. Il n'y avait pas tant de « Sœurs » comme aujourd'hui parce qu'il n'y avait pas encore beaucoup de « Frères ». En ce temps là, commencèrent donc à s'organiser toutes « ces tribus » nomades, parasites et mendiantes de bédouins et de bédouines qui existent et pullulent aujourdhui dans tous les coins.

Le citoyen « Chambon », qui n'avait pas un

« ami » et qui s'ennuyait d'étre tout seul, profita de « l'émigration cléricale » qui était en route, et eut la charmante idée d'installer à Castets, où elles sont encore, « les Sœurs de l'Assomption » ou plutot de « l'Assommoir ».

« Ces charitables demoiselles » en effet, tuèrent « l'Ecole laïque de filles » dirigée par Mlle Babin : elles étaient « l'instrument » de supplice et c'était « le curé » qui frappait et assommait, en refusant « la première communion » aux Elèves qui ne fréquentaient pas la classe du Couvent.

La présence des « bonnes Sœurs » qui avaient eu « la bonne idée » de ruiner l'institutrice pour la remplacer, me fit comprendre que « les chers Frères » ne devaient pas étre bien loin : quand on voit « la coiffe à cornette » on est certain de trouver « la calotte »; mème à l'hopital, où l'aumonier fait toujours vis à vis à l'infirmière.

D'un moment à l'autre, je pouvais donc m'attendre et me préparer à soutenir la lutte contre deux ou trois de « ces Frères ignorants » qui enseignent encore, et que l'ignoble « Chambon » persistait à introduire dans la commune avec trois chances sur quatre de réussir.

Dès cet instant, je vis ma situation perdue et mon avenir gravement compromis. Mon affaire étant ainsi réglée d'avance, je n'avais qu'une chose à faire :.... « rester à mon poste ou l'abandonner ».

III

Pris entre ces deux alternatives qui offraient l'embarras du choix et quoique jeune de mes vingt quatre ans, je m'arrêtai à une résolution virile et sans appel qui me procura la satisfaction d'avoir obéi au sentiment « du devoir » : celle de donner « ma démission ».

Cet acte, qui est le plus saillant de toute ma vie parce qu'il brisa une position acquise et que je n'ai pu ressaisir depuis, cet acte, dis-je, qui m'a été souvent reproché, a besoin d'être motivé ici parce qu'il ne l'a jamais été, ni alors ni depuis quarante deux ans bientôt.

Cette justification tardive sera plus utile aujourd'hui parce qu'elle sera mieux comprise qu'à l'époque où j'étais instituteur, et c'est pour cela que je la soumets au lecteur qui trouvera une base à son appréciation dans les détails que voici.

1° En conservant mes fonctions, j'étais sûr et certain qu'une « Ecole congréganiste » s'ouvrirait à coté de la mienne fréquentée par quatre vingts élèves qui l'auraient peu à peu désertée, grace à l'ingénieux procédé de « Chambon l'auvergnat ». L'idée seule de voir « des abrutis et de vilains personnages » s'emparer de mon établissement d'instruction, me révoltait. En outre, c'était faire insulte à ma dignité, porter à mon honneur une grave atteinte et m'obliger enfin à éviter une pareille humiliation.

2° Comme celle de « l'institutrice, » mon Ecole excitait la convoitise de « l'Ogre du Catholicisme romain, » espèce de Gargantua ou d'animal engendré de « l'anesse » de Balaam et de « la bête » de l'Apocalypse.

Le curé « Chambon », fidèle serviteur et digne mandataire de cet « Ogre toujours affamé de la domination à tout prix », ce curé, dis-je, croyait réussir avec moi comme avec Mlle Babin. Mais précisément, et sans « jamais » lui avoir adressé la parole, nous n'étions pas d'accord sur ce chapitre.

Je ne voulais pas que mon pays natal, Castets, subit le deshonneur et la honte de posséder et de nourrir des corbeaux de cette espèce, « des Frères », qui sont le rebut et la racaille « de la grande Corporation » qui s'alimente de « fainéantise et d'une piété » qui dévore « TOUT », depuis la vente des images à un sou jusqu'à la liberté de conscience.

Par ma démission que je donnai en 1842, « mon Ecole resta laïque » et aujourd'hui encore, je suis heureux de la voir intacte et à l'abri de « toute influence cléricale ».

Cette détermination inattendue que je n'avais confiée « à personne » eut le caractère d'un événement qui surprit tout le monde, et donna lieu à des oppositions amicales et à des conseils officieux tendant à me faire revenir sur « ma décision ».

J'eus d'abord à lutter contre « mes parents », car j'étais encore célibataire; puis, mes concitoyens m'obsédaient de leurs pressantes sollicitations, surtout les pères et les mères de mes chers Elèves, qui me reprochaient d'abandonner « leurs enfants » et une position avantageuse.

M. Deyres, maire de Castets, inspecteur des écoles du canton de Langon, et M. Reclus, inspceteur de celles du département, se mirent aussi de la partie avec le Comité de Bazas pour m'engager à rester, sous prétexte que mon École était une des premières de l'arrondissement, puisque « deux » de mes élèves avaient déjà été admis à l'École normale en sortant de « la mienne ».

Le Recteur de l'Académie de Bordeaux, M. Tardivel, fut celui qui m'opposa la plus sérieuse résistance comme ayant « des droits » sur les instituteurs de son ressort académique.

M'étant rendu chez lui pour avoir « sa permission » et après des conseils qui ne ressemblaient pas mal à un sermon de capucin, il me dit : « Vous n'aurez pas mon exéat puisque vous avez démissionné sans me prévenir ; rentrez à Castets au plus vite et reprenez vos fonctions. »

« Je pars demain matin à huit heures pour Orléans, répondis-je ; ma place est payée chez Lafite et Caillard et si je n'ai pas votre exéat, je m'en passerai. »

Le lendemain à l'heure dite, je quittai Bordeaux avec « l'exéat » de M. Tardivel dans ma poche.

IV

Dix huit mois plus tard j'entrai dans l'Administration des ponts et chaussées, Service de la navigation de la Garonne et dans la Section de M. Henri Jaquemet, ingénieur ordinaire résidant à Langon.

Quoique n'étant pas fort lucratif, ce nouveau poste me convenait assez en ce qu'il me procurait l'avantage d'étre avec « mes parents » et de vivre en famille à l'abri du besoin. Je conservai mon emploi « neuf années » environ sans me douter qu'en l'acceptant, j'avais eu la chance ou le malheur de Gusman d'Alfarache et que « j'étais tombé », comme lui, « de la poële à frire dans le feu ».

En 1851, il y avait à Castets un ingénieur nommé Joly de Boissel chargé des travaux de la descente en rivière du Canal latéral à la Garonne.

Cet individu est le même personnage qui avait naguère la direction des Docks du port de Bordeaux; il faillit monter en grade sous le premier ministère Freycinet, sans doute pour le récompenser de l'important et triste role qu'il avait joué au Coup d'État 51, comme nous le verrons bientot.

Pendant qu'il était dans le service du Canal et moi dans celui de la Garonne, le sieur Joly, alors célibataire ardent et fougueux, parvint à s'imaginer et à croire, je ne sais comment, que je portais obstacle à certaines prétentions ou convoitises de jeunesse qu'il avait et qui ne pouvaient aboutir.

Dès ce moment je devins « la bête noire et l'ennemi » de cet ingénieur brutal et fier, qui résolut de se venger sur « moi » pour « un fait » que j'ignorais complètement, dont je n'eus connaissance que plus tard et après ma révocation des ponts et chaussées, révocation obtenue par « le moyen infame » que voici :

Au commencement de 1851, je crois, le dit sieur Joly de Boissel reçut une lettre fort insolente signée de « mon nom », écrite ou non sur commande, je n'en sais rien; toujours est-il que cette lettre fut transmise à mon ingénieur, Jaquemet, déjà nommé, qui en donna connaissance à un conducteur résidant à Langon, M. Laforgue, lequel me dit que j'avais eu tort et que bientot peut-être je serai victime de cet acte inqualifiable.

Je répondis à M. Laforgue que je n'avais jamais parlé à M. Joly; je lui fis serment que cette lettre n'avait pas été écrite ni signée « par moi,» en lui certifiant qu'il n'était pas dans « mes habitudes » et encore moins dans « mon caractère,» d'user d'un semblable moyen. et qu'en outre, je n'avais aucun prétexte d'insulter M. Joly dont la conduite « à mon égard» était intacte et à l'abri de tout reproche.

Puisque je n'avais pas écrit « cette lettre » je crus qu'elle ne pouvait me causer aucun désagrément et j'oubliai bien vite l'incident facheux qui en résultait, avec l'espoir que l'erreur serait reconnue par MM. Joly et Jaquemet ou par l'un des deux :... cet espoir était illusoire.

Un mois plus tard, en effet, étant à dessiner dans une baraque en bois située à 60^m environ d'altitude au dessus du bureau principal flottant sur la Garonne, j'appelai le mousse dont j'avais besoin et j'aperçus M. Joly sur la berge qui attendait le bateau à vapeur, et qui me vit aussi à la croisée où j'étais.

Me trouvant éloigné à la distance indiquée ci dessus, je ne pensai nullement à saluer cet ingénieur et à lui crier à tuetête: « bonsoir M. Joly ».

J'aurais dû pourtant faire « un tel salut» car

M. Jaquemet étant venu au bureau quelque temps après, me reprocha vivement «mon impolitesse» qu'il qualifia de «manque de subordination». Trois jours plus tard et sans tenir compte de ma justification, le dit sieur Jaquemet eut bientot liquidé cette affaire par une révocation en règle.... sans appel ni sursis.

V

La lettre « du vil faussaire » qui l'avait écrite et signée de « mon nom » avait produit son effet : le sieur Joly était heureux d'avoir obtenu contre moi une vengeance malhonnète, et grande était la satisfaction du petit Jaquemet d'avoir pu rendre un service malpropre à « son cher camarade ».

Bien entendu que le moins réjoui dans cette mauvaise affaire... « c'était moi ». Quoique injustement révoqué, sans emploi et sans travail, cette expiation devint insuffisante et pour consommer « le sacrifice », il me restait « encore » à subir les poursuites haineuses de « ces deux ingénieurs », dont l'injustice roturière égalait l'hypocrisie jésuitique.

Ainsi privé de mon emploi après « neuf années » de service, je désirais en avoir un autre, bien entendu, et la chose n'était pas facile; car sans être infamante, « ma révocation » équivalait à « une tache » qu'un simple lessivage ne pouvait enlever, surtout pour m'introduire dans une administration quelconque.

Brévеté du degré supérieur, j'aurais pu rentrer dans « l'enseignement » si le régime clérical ne m'en avait pas éloigné jusqu'à la répugnance et au dégout. Après une attente assez longue, mais patiente et calme, « une occasion » se présenta qui fit jaillir une étincelle d'espérance et même de succès,

Un de mes amis, Pascal Lobre (1), m'apprit que M. Klein, ingénieur à Nérac, Lot et Garonne, avait besoin d'un employé. Quoique cette nouvelle flattat mon espoir, elle ne m'en laissait pas beaucoup. Je ne voyais pas trop en effet, comment je

1) M. Pascal Lobre qui habite encore aujourd'hui Castets est le grand père de M. Clavé, cours de l'Intendance, à Bordeaux.

pourrais entrer par « la croisée » après avoir été mis « à la porte » des ponts et chaussées.

Là était le hic ou la grande difficulté, car « les chers Camarades » sont comme « les chers Frères »,..., ils tiènent à conserver intact l'honneur de leur corporation, et à ne prendre à leur service que « des gens comme il leur en faut ».

Après quelques explications que je lui donnai à cet égard, l'ami Pascal me sortit d'embarras en me disant: « Pars pour Langon, va trouver M. Jaquemet et prie-le d'avoir l'obligeance de te donner un bout de lettre pour te recommander à M. Klein, »

— Bon! lui dis-je, après « la tuile » envoyée par Joly à Jaquemet qui l'a cassée sur « ma tête », voici « un bloc » qui va me briser et m'aplatir. Je me rendis néanmoins à Langon, où, après m'avoir entendu sans m'écouter, Jaquemet fit sa petite moue habituelle «en témoignant le désir de m'être utile » , et en moins d'un quart d'heure il me remettait « un pli cacheté » à l'adresse de M. Klein.

Quoiqu'il eu foi au succès de ma démarche, l'ami Pascal me dit à mon retour :

— Eh bien! as-tu réussi ?

— Parfaitement; voici une enveloppe avec un

cachet noir — signe de deuil — et comme j'en ignore le contenu, il serait prudent de l'ouvrir avant d'en faire usage.

Cette lettre que j'ai gardée et dont voici une partie textuelle, renfermait « un avis » ou un mot d'ordre que « le devoir » de M. Klein, comme ingénieur, consistait à décliner mes offres de service et à me laisser à « la porte » .... où j'étais.

LETTRE DE JAQUEMET A M. KLEIN

PONTS-ET-CHAUSSÉES

NAVIGATION
DE LA GARONNE

Chemin de Fer
de BORDEAUX à BAYONNE

Langon, le 27 Février 1851.

Mon cher Camarade,

M. Robert me réclame, etc...

« Quant à cet employé, il a été congédié pour avoir manqué, à M. Joly, de respect et de politesse. Cet ingénieur, que vous connaissez beaucoup, est du reste plus à même que moi de vous donner tous les détails de ce manque de subordination que *ses collègues* ne pouvaient ni ne devaient souffrir, etc., etc.»

Votre affectionné et dévoué camarade,

H. JAQUEMET.

VI

Au bout de trente ans, terme de la prescription légale, je ne crois pas encourir de blame en livrant « les faits » qui précèdent « au jugement de l'Opinion publique ». D'ailleurs, si je me trompe, il est facile « aux deux acolytes » intéressés dans la question, de rectifier mon erreur.

Le sus dit Jaquemet, « inspecteur général des ponts et chaussées en retraite » et qui habite actuellement Bordeaux, rue Lecocq n° 8, peut se justifier à son aise, car tout son temps lui appartient. A mon tour, je lui ferai voir « sa lettre » à M. Klein et portant « sa signature ».

En outre, et si « le cœur » lui en dit, le sieur Joly de Boissel qui réside chez sa femme dans la commune du Pian, entre Saint-Macaire et Saint-Pierre-d'Aurillac (Gironde), peut aussi prêter main forte à « son cher Camarade, » et je lui prouverai — ce qu'il sait depuis longtemps d'ailleurs — que je n'ai ni écrit ni dicté « la lettre » qu''il avait reçue signée de « mon nom ».

Il n'est pas question, aujourd'hui comme alors,

de s'entretenir avec « un employé subalterne » qu'on a tant flétri et méprisé. Il s'agit au contraire, pour Joly et Jaquemet, d'enlever par « un simple aveu », une tache qui souille et ternit encore « le véritable honneur », dont ils exhibent l'étiquette suspendue à la boutonnière.

Mais non ! de connivence dans cette vilaine affaire, « ces deux ingénieurs » ne daigneront même pas répondre à mes accusations trop bien établies, car « les faux accusateurs et les traitres » qui appartiennent à la maudite engeance des tartufes et des cafards, sont « des laches » quand on les met en présence de « la vérité ».

« De ces deux hommes » qui ont causé ma ruine et toutes mes infortunes en brisant une position acquise, Jaquemet est le seul dont je n'ai plus à m'occuper : je le relègue donc dans l'oubli, me contentant de « l'honorer » parfois du souverain mépris que me suggère sa conduite odieuse à « mon égard ».

Il n'en est pas de même de l'artiste Joly, souteneur de l'Empire, agent du troisième Bonaparte et dont je parlerai dans mon Histoire de Proscrit, lors de l'assassinat du 2 Décembre où il joua le role infame de « proscripteur » dans les affaires de Marmande, département de Lot et Garonne.

J'aurai encore l'occasion de mettre et de river au carcan de l'histoire le même paroissien Joly, avec lequel j'eus « un entretien » en 1853 après mon retour d'exil; enfin, nous retrouverons le dit personnage, qui, après avoir contribué à la trahison et aux malheurs de sa Patrie en 1851-1870, eut l'audace et l'effronterie de se faire nommer « membre » de la Défense Nationale d'où il fut honteusement chassé par « ses collègues », M. Amédée Larrieu étant alors préfet de la Gironde.

N'ayant encore aucun emploi vers la fin de Mars 1851, je me rendis à Nérac même pour en avoir un, non chez M. Klein, par exemple, mais en attendant que mes loisirs eussent un terme, et le 8 Mai suivant, je pris pour femme « une jeune veuve » qui avait deux orphelins agés de six et de quatre ans.

Contractée par amour et par devoir, « cette union » était loin de m'enrichir.... et le travail n'arrivait pas pour donner du pain à la famille que j'avais épousée.

Comme je n'étais pas à l'abri du besoin, mais dans une situation qui m'offrait un avenir aussi sombre qu'incertain, des Amis dévoués m'engagèrent à quitter Nérac pour aller tenir « Ecole » à Cauderoue, petit hameau de quatorze ou quinze maisons situé dans la commune de Barbaste.

J'acceptai cette offre avec bonheur parce que « je n'étais plus seul à vivre », et quoique j'eusse pris la résolution de ne jamais redevenir instituteur. Avant de changer de domicile je m'empressai de remplir les formalités légales pour obtenir l'autorisation d'ouvrir « une école ».

A partir de ce moment toutes les mauvaises chances me coururent après et m'assaillirent avec une persistance inouie.

Le Recteur de l'Académie d'Agen, qui avait pris des renseignemente où il ne fallait pas, c'est à dire chez le curé, ou en dehors de « l'Opinion publique et des Autorités » de la commune de Castets, m'informa qu'il s'opposait à l'ouverture de « mon école ».

Je lui écrivis pour décliner sa compétence et usant « du droit » accordé par « la loi », je demandai à comparaitre et à me justifier devant le Conseil de l'instruction publique de Lot et Garonne.

VII

A l'heure dite et le jour fixé, je me rendis à Agen au sein du dit Conseil. Je fus introduit dans un charmant petit salon où se trouvaient déjà réunis autour « d'une table ronde » quelques hauts chevaliers des compagnons de la calotte et dont « l'Evèque » était le président.

Après avoir essuyé en une seule bordée les regards curieux du Saint Office qui devait m'absoudre... ou m'exécuter, je compris ma situation et « le jugement » qui devait en résulter, car « l'interdiction préalable » que le Recteur, M. Lepescheux, m'avait déjà notifiée était un sûr garant qu'elle serait maintenue et non levée.

Dans cette prévision, le sentiment du devoir m'encouragea et m'enhardit. « Je n'avais pas à fléchir », mais à réfléchir et à répondre carrément « aux accusations diffamatoires » dont mon dossier était déjà passablement fourni.

On me reprocha et on m'apprit en même temps que j'avais vécu « en concubinage » et que j'avais été « deux fois » révoqué des ponts et chaussées.

Je me contentai de sourire et de répondre à ces deux mensonges grossiers, par un formel démenti.

Le Recteur, déjà nommé, qui jouait le role d'accusateur public et qui n'était pas du tout content de la réplique, n'insista pas sur ce point d'interrogation et voulut sans doute me fermer la bouche en me disant : — Vous vous êtes toujours fait remarquer par votre exaltation religieuse.

— C'est possible, dis-je, mais « cette exaltation » a toujours été inoffensive, monsieur le Recteur, car elle n'a jamais conduit « personne » à la torture ni sur les buchers de la Très Sainte Inquisition.

Après quelques autres accusations sans importance relatives à la négligence complète de mes devoirs religieux, l'Évèque remplaça le Recteur et me dit d'un ton sec du haut de son fauteuil présidentiel : — Étes-vous catholique ?

— Mais certainement que je suis « catholique ». Je revendique « ce titre » avec d'autant plus de raison et de droit, que j'appartiens à « cette jeune Église catholique de l'avenir », ou Religion universelle des Gens honnêtes, dans laquelle on s'abstient de manger et de vendre, pour « trente sous », comme Judas, la Divinité qu'on adore.

— Maintenant vous pouvez vous retirer, me

dit le Recteur; la séance est levée et « je vous ferai connaitre la décision du Conseil. »

Je revins donc à Nérac après avoir fait mes 48 kilomètres dans la journée, et dépensé les 48 sous que j'avais à mon départ.

L'interdiction du Recteur fut bel et bien maintenue par le Conseil académique. Je me trouvai donc réduit à laisser mon Ecole projetée où elle était et à ne plus savoir que faire pour me procurer du travail.

Lorsque j'appris cette nouvelle à plusieurs habitants de Barbaste, quelques uns me répondirent : « Hé bien! puisqu'il vous est défendu d'enseigner nos enfants, nous viendrons le soir chez vous prendre des leçons ». Et ces braves citoyens et honnêtes pères de famille se dévouèrent ainsi « pour moi » : ils venaient la nuit à Cauderoue que j'habitais alors, pour recevoir un peu d'instruction.

A partir de ce moment, « ma position », qui fut de courte durée, changea du tout au tout. Je devins l'objet de soins assidus et les secours que je recevais me permirent de vivre à l'abri du besoin, même pendant une grave maladie qui me retint au lit « un mois et demi ».

Le 2 Décembre qui arriva quelque temps après

mit fin à une telle situation et l'aggrava d'une manière atroce. Je fus pris et enchainé, conduit en prison tout malade que j'étais encore, laissant « une femme et deux enfants à l'abandon ».

Après avoir connu tour à tour les prisons de Nérac et d'Agen, on me conduisit à la citadelle de Blaye où je fus logé, non pas dans « les casemates », mais enterré dans un infect et horrible souterrain creusé jadis à 40 ou 50 pieds de profondeur. Nous étions là, victimes de l'audacieux Bonaparte, 211 détenus politiques, « sans air, sans lumière ni jour ni nuit », couchés dans l'eau et dans la boue sur « dix livres de paille à deux », et ce qui était consolant : « tous destinés à être fusillés ».

Dans mon histoire de Proscrit j'indiquerai la cause probable qui Nous sauva la vie, et arrêta l'exécution de ce crime qu'on ne peut ajouter à tant d'autres qui furent commis à cette époque.

Enfin, au bout de « cinq longs mois » d'une détention préventive, je fus transporté sur la terre d'exil, en Algérie, où m'attendaient encore de cruelles épreuves ou de nouvelles infortunes.

VIII

CONCLUSION

N'ayant jamais été qu'à l'Ecole de « vingt sous » par mois,.... à celle de mon père,.... je conclus que mon bagage littéraire et scientifique est des plus modestes et des moins lourds. Il a été formé en dehors de toute instruction classique, mais par un travail assidu de « quinze années », sans préjudice, bien entendu, de celui que m'imposaient mes fonctions d'instituteur ou d'employé des ponts et chaussées.

Pour ce qui est de mes études, j'avoue que je sortis de l'Ecole Normale moins instruit que lorsque j'y étais entré, c'est à dire avec la tête bourrée de « quatorze » branches d'instruction,.... sans en connaitre aucune.

Ce n'est pas avec un tel programme et au bout de « deux années » qu'on peut savoir quelque chose. On se dégourdit un peu, on travaille beaucoup et voila tout, mais on apprend comme des perroquets,.... je veux dire sans « rien » comprendre parce qu'on n'a pas le temps de réfléchir. Mauvaise méthode et mauvais système.

La série des injustices qu'on m'a faites et dont ma vie est émaillée, fut ouverte alors que j'avais « seize » ans, par feu Simonel, directeur de l'Ecole Normale de Bordeaux, ce qui ne l'empéchait pas de communier tous les quinze jours et à Paques humblement.

La même série continua par les soins du curé Chambon, des ingénieurs Joly et Jaquemet, de Napoléon III ou de ses complices et autre individualités qui foisonnent dans la sainte famille des Jésuites.

Après mon retour d'exil, comme on le verra, d'autres épreuves m'attendaient encore, d'un genre nouveau bien entendu mais non moins grandes et rudes, parce qu'elles ont été beaucoup plus longues pour ma famille et pour moi.

Victime de la jalousie des uns et de la malveillance des autres, j'ai eu à subir toutes sortes d'humiliations de la part de « ceux » qui auraient pu et dû me faire « du bien ».... et qui ne m'ont fait que « du mal ».

En ma qualité de « vieux républicain et d'ancien proscrit surtout », je ne vois pas trop comment j'aurais pu avoir raison contre des personnalités malintentionnées à mon égard, et guidées en outre par une aveugle ou une malicieuse prévention.

Ayant toujours eu « les injustices » en horreur, il est probable que j'avais besoin d'en subir pour mon édification. Aussi, et quoique la leçon ait duré « vingt cinq ans », de 1836 à 1861, elle a été fructueuse, car maintenant je connais assez vite « les boiteux » à les voir marcher, comme je distingue fort bien « les hommes présomptueux »,.... qui sont toujours d'un « absolutisme » à payer patente, parce qu'ils sont ou ignorants ou mal élevés.

Quoi qu'il en soit de toutes les épreuves qui m'ont assailli, « ma conscience » est tranquille et calme, parce que j'ai la satisfaction d'avoir rempli mon devoir envers « mon prochain », comme les obligations que m'ont imposées les divers emplois que j'ai occupés.

MON

HISTOIRE DE PROSCRIT

I

A l'époque du 2 Décembre 1851, la France entière se trouvait englobée dans une formidable Conspiration, ayant pour but le renversement de la République et la destruction du Parti républicain. Il y avait partout des Traitres ou des Agents inconnus et secrets, qui travaillaient pour le compte de Louis Bonaparte.

Dans les villes on avait établi certains Cafés où l'on inscrivait secrètement, sur des registres ou des cahiers, les noms et les adresses des Républicains signalés ou connus comme tels (1).

(1) Les survivants de l'époque doivent se rappeler encore le Caveau ou Café qui existait à Bordeaux dans la rue Bouffard, et un autre piége du même genre qui se trouvait au quai des Chartrons, etc.

Dans les campagnes on se livrait à des initiations clandestines, consistant à faire jurer « aux Candidats » s'ils défendraient la République, dans le cas où elle serait attaquée et en danger.

Au moyen de cette infame organisation qui constituait « une vaste Société secrète », appelée La Marianne, les Chenapans de tous les Partis vendus au Coup d'Etat, cherchaient à connaître « les Adversaires » qu'il fallait immoler, c'est-à-dire, « les vrais Défenseurs de la Constitution et de la Liberté nationale ».

Les Chefs conspirateurs de la dite Société secrète avaient à leurs ordres une foule d'autres agents, qui devaient organiser des mouvements insurrectionnels contre le Coup d'Etat en préparation.

Ces Agents en avaient embauché un grand nombre d'autres ayant pour mission spéciale de soulever les départements et de former « des colonnes de marche », non en vue de combattre l'insurrection bonapartiste, mais afin de pouvoir compter en les groupant, « les Patriotes » qui oseraient se montrer hostiles ou faire de l'opposition à l'Attentat criminel qui allait bientot avoir lieu.

Telle était la situation politique à la date du 2

Décembre 1851, situation d'autant plus grave et dangereuse, qu'elle était ignorée « des trois quarts des Républicains ».

A Paris même,.... ce qui étonne,.... malgré la dispersion de la Chambre et les préparatifs militaires, signes avant coureurs d'un drame sanglant, « lamasse de la population » restait indifférente dans une morne expectative, et s'imaginait que Louis Bonaparte avait l'intention de rapporter « la loi du 31 Mai 1850 », de rétablir ainsi « le Suffrage universel » dans son intégrité primitive, et donner enfin une impulsion nouvelle à la marche de la République.

En Province, il y avait la même sécurité, le même espoir sans aucune méfiance, et on croyait en général que le Président voulait faire « un appel au Peuple », avoir son adhésion et son appui, afin d'étre plus libre dans la réalisation « des réformes signalées dans ses trompeuses proclamations » et que le Pays attendait parce qu'il en avait besoin.

Dans le Lot et Garonne où j'étais il devait y avoir « trois colonnes de marche » dont je viens de parler : celle de Villeneuve-sur-Lot, de Nérac et de Marmande, ayant Agen pour objectif ou point de ralliement.

La colonne de Villeneuve resta inconnue et à l'état de projet.

Celle de Nérac fut la seule du département, comme nous le verrons bientot, qui s'organisa, se mit en route et parvint à destination sans encombre et sans succès réel ou apparent.

La colonne de Marmande ne fut qu'un groupe de Citoyens dévoués et patriotes, mais épars et mal organisés. Ils avaient à leur tête et pour les commander, un ancien Colonel du nom de Peyroni, militaire sans valeur comme républicain et comme insurgé surtout, ainsi qu'il résulte d'un jugement rendu contre lui par un Conseil de de guerre de Bordeaux.

II

Les braves citoyens réunis à Marmande furent victimes d'une odieuse trahison exercée par Joly de Boissel, déjà cité dans l'introduction biographique précédente.

Ce traitre et vil personnage qui habitait Castets en qualité d'ingénieur au Canal latéral, se rendit à Bordeaux pour chercher de la troupe de ligne renforcée d'un escadron du 13e chasseur.

L'insurrection légale de Marmande autorisée par la Constitution de 1848 (1) fut ainsi bientôt vain-

(1) L'article 110 de la Constitution de 1848 qui régissait la France républicaine était rédigé dans les termes suivants:

« L'Assemblée constituante confie la présente Constitution et les droits qu'elle consacre, à la garde et au patriotisme de tous les Français. »

Tous les Français, donc.... sauf les traitres.... qui prirent les armes au 2 Décembre 1851, à Paris, à Marmande, à Nérac et ailleurs pour défendre la Constitution violée par Louis Bonaparte le parjure — qui lui avait prêté serment — étaient dans leurs droits et dans la légalité: ils accomplirent donc tout à la fois un devoir civique et un acte de patriotisme.

cue, non sans résistance, et « les défenseurs » de la Patrie en danger reçurent un bon billet de logement pour aller coucher dans les prisons et en Afrique sur la terre d'exil.

En revanche, le dit sieur Joly de Boissel devenu agent bonapartiste, gagna et obtint à titre de rémunération pour son acte infame, « le ruban rouge», emblème de l'honneur national, qui traine encore sur les habits rapés des soutiens du second Empire.

Impuissante dans ses moyens de défense et obligée de capituler, la ville de Marmande, chef lieu d'arrondissement, tomba au pouvoir « des soldats insurgés » pour le compte de Badinguet. Elle fut même occupée et mise en état de siége par deux bataillons du 75e de ligne et traitée avec une extrême rigueur, à tel point que les habitants ne pouvaient circuler que jusqu'à dix heures du soir et munis d'une lanterne.

Je ne rappèlerai pas les incidents regrettables et facheux qui se produisirent durant une occupation militaire de plusieurs mois, incidents occasionnés par le régime vexatoire qu'imposait le dit 75e de ligne.

J'aurai encore l'occasion de faire connaitre la brutalité des soldats de ce même régiment, qui fit tant de mal pendant les trois journées de Juin 1848, et dont une compagnie nous conduisit jusqu'en Afrique.

Un fait saillant et inaperçu que j'ai constaté « trois fois » dans ma vie, et que je tiens à noter ici parce qu'il vaut la peine d'être connu et retenu, c'est qu'en France on n'a jamais tant vu de « Républicains » comme sous la République.

En 1848, en 1851 et en 1870, « les gens honnètes et d'autres aussi » ont entouré le berceau de cette jeune Fille du Peuple et de la Liberté. On la contemplait avec amour et avec joie, avec haine et un profond dédain.

Après la cérémonie du baptème national établissant son état civil sous la dénomination de RÉPUBLIQUE FRANÇAISE, tout le monde caressait la Petite Gueuse: les uns pour la bénir, la soigner et la faire vivre, les autres pour la maudire, l'étouffer dans ses maillots, l'étrangler au besoin, ou ce qui est beaucoup plus expéditif,... « pour l'assassiner comme au 2 Décembre 1851. »

A cette dernière date, je connaissais déja bon nombre de personnages à Nérac et à Cauderoue que j'habitais alors, comme je l'ai dit, et « tous » affirmaient leur attachement à la République.

Ayant été pincé naguère par une confiance illimitée en des hommes que je croyais honnètes, j'avais appris à être méfiant; je me tenais sur mes gardes et je cherchais à connaitre la nuance ou la valeur de toutes ces affirmations plus ou moins accentuées.

« Adieu frère, comment te portes-tu? » disaient les uns en me serrant la main pour la première fois et en attaquant illicò avec ardeur le chapitre de la politique.

«Bonjour citoyen,comment allez-vous?» disaient poliment les autres.

Par ces deux manières de saluer avec politesse et tant de familiarité, je parvins à distinguer les bons et les mauvais républicains, c'est à dire « les agents secrets » vendus à l'Empire et ceux qui ne l'étaient pas.

Le soir du 3 Décembre 1851 j'étais occupé avec mes élèves, quand vers huit heures la porte fut ouverte brusquement par un homme, qui, debout sur le seuil et les bras en l'air se mit à crier cette exclamation d'une voix tonnante : « Christ!! »

Quoique malade encore et en convalescence, je me dirigeai vers cet individu pour le reconnaitre et lui demander une explication. C'était un charpentier nommé Darrac que je connaissais déjà et qui se permettait de me tutoyer sans façon.

Il me dit que le Président de la République, Louis Napoléon Bonaparte, était en train de faire, non pas un coup d'Etat, mais un appel au Peuple, à tous les Citoyens dévoués et qu'il fallait répondre à cet appel en formant à Barbaste une colonne qui marcherait sur Agen.

III

Je répondis ce que j'avais dit maintes fois à propos de cet appel annoncé déja depuis quelque temps.

— Je ne bougerai pas d'ici et les bons patriotes doivent suivre mon exemple, dis-je à Darrac, car votre appel est un traquenard ou un piége tendu aux vrais républicains. A l'instant même il doit y avoir un Coup d'Etat en route, puisque nous n'avons aucune nouvelle de Paris.

—Quoi qu'il en soit, répliqua mon interlocuteur, il faut agir au plus vite, se grouper, se réunir et tenter une action commune.

A minuit, cinq ou six hommes armés passèrent chez moi, accompagnés de mon propriétaire de maison, un autre charpentier nommé Gaube vendu à l'Empire; d'autres insurgés nous attendaient encore, et tous ensemble, une quarantaine environ, nous quittames Cauderoue pour nous rendre à Barbaste.

Là, par un temps humide et une nuit aussi sombre que les évènements étaient lugubres, il y avait une foule immense appartenant aux communes de Barbaste, Lisse, Vianne, Xaintraille, le Pont-de-Bordes et Lavardac.

L'aspect de cette foule remuante et agitée avait quelque chose d'entrainant et de patriotique. On cherchait à se procurer des armes « en cas d'attaque »; on distribuait de la poudre, des balles et des rations de pain; d'autres personnes du sexe, jeunes ou non, préparaient du linge et de la charpie.

L'activité était partout, grande, indescriptible, mais ce qui donnait à la situation et à cet entrain fiévreux d'enthousiasme, un caractère profondément triste..., c'est que le tocsin d'alarme, comme pour la Saint Barthélemy en 1572, sonnait partout dans les environs et à l'heure du crime choisie par les brigands.... MINUIT.

L'organisateur de ce vaste mouvement insurrectionnel était un nommé Darnospil, instituteur sans place, ex-employé d'un entrepreneur du Canal latéral, à Castets, M. Lamolère, je crois, et qui, ne sachant plus que faire, s'était embauché dans la jolie bande des honnêtes conspirateurs bonapartistes. Ce qui le prouve — et en attendant que je fournisse d'autres explications — c'est qu'il vint en Afrique avec Nous et qu'à son arrivée, il entra dans l'Administration des ponts et chaussées à 5 francs par jour.

Cet individu, ayant sans doute mission de recruter des acolytes, avait déja parcouru les communes ci dessus indiquées. Le 3 Décembre, il s'occupa d'organiser les premiers travaux de mise en train qui formèrent la colonne de Nérac dont le point central était Barbaste. Ce type de vrai lutteur, à tête de veau et à figure de bouldogue couverte d'une épaisse barbe, avait la mine de ce qu'il était et la tournure du sale métier qu'il exerçait (1).

(1) Etienne Pierre Grégoire Darnospil qui a aujourd'hui 76 ans, habite Aaïn Kirchera banlieue de Tlemcen, province d'Oran, et touche une pension annuelle de 1.200 francs, alors que les Proscrits ruinés en 1851 et condamnés «aux travaux forcés» n'ont que 1.000 francs. Le 3-4 Décem-

Pour ce qui me regarde personnellement, j'avoue que je n'étais pas à la hauteur de mon role d'insurgé. D'abord, un sinistre pressentiment sur le résultat final de notre intervention contre le Coup d'Etat prévu, avait mis en baisse mon patriotisme, car je comptais beaucoup plus sur une défaite que sur une victoire.

Ensuite, relevant d'une assez longue maladie, très faible encore et convalescent, j'étais un révolutionnaire inoffensif peu disposé à se battre et un très mauvais soldat; enfin, étant parti de Cauderoue sans aucune arme, j'arrivai de même à Barbaste.

Un brave citoyen nommé Castandet me voyant ainsi privé de tout moyen de défense, me donna un grand fourreau de bancal, qu'une demoiselle vint m'attacher en bandoulière avec une ficelle joignant les deux anneaux. Le poids de cet engin de guerre équilibrait à peu près le restant de mes forces.

---

bre même année et à minuit, Darnospil quittait la commune de Vianne et le chateau du baron « de Batz de Trenquelléon », pour se rendre à Barbaste où il prit le commandement de notre colonne. Si le métier « d'agent conspirateur » était alors malpropre... il a au moins procuré des rentes.

IV

Tous les préparatifs étant ainsi terminés on s'occupa de la distribution des grades et de la formation de « la colonne », qui s'échelonna sur la route de Barbaste à Nérac sous les ordres du général en chef Darnospil.

Ce commandant pour rire et qui fit tant pleurer ensuite, avait un costume impossible où le rouge dominait; en guise d'épée, il portait un instrument qui fesait peur, je veux dire, « une grande faux » emmanchée debout à l'extrémité d'un gros baton ayant plus de six pieds de haut.

Nous étions là « deux mille personnes environ », y compris celles du sexe qui suivaient comme infirmières et portant des balles, de la poudre, du linge, etc. On comptait en outre 12 ou 1500 fusils, une quinzaine de tambours, vingt drapeaux et six bonnets phrygiens surmontant de longues perches.

Le jeudi 4 Décembre de bonne heure et au premier commandement, tout le monde partit du pied gauche, et la colonne se mit gaiment en route au son des tambours avec accompagnement de la *Marseillaise*, des *Girondins* ou d'autres chants patriotiques. Je dis « gaiment », car la majeure partie des républicains n'avait que la curiosité pour mobile : celle d'aller à Agen pour avoir des nouvelles de Paris.

Il y avait sans doute de coupables intentions et des projets hostiles, mais ce n'était que parmi ces hommes laches et sans honneur, qui prétèrent la main au Coup d'Etat avec l'espoir de faire des victimes pour mieux réussir. La preuve de ce que j'avance existe dans un fait qui se produisit alors et dont voici les détails succints.

En ce temps là.... hélas! notre pauvre République marchait tant bien que mal : en clopinant. Elle existait en gros caractères sur le papier ; elle régnait même si on veut, mais ne gouvernait pas du tout, car elle avait pour serviteurs beaucoup plus de réactionnaires ennemis que de républicains fidèles et dévoués.

Dans de telles conditions il était naturel que « notre manifestation armée et pacifique » inspirat de la crainte « aux fonctionnaires » de Nérac, tout en leur suggérant l'idée de combattre notre colonne ou de lui opposer une certaine résistance.

Les autorités de ce cheflieu d'arrondissement ne dormaient pas plus que nous : « maire, conseil municipal, souspréfet, procureur, commissaire de police, gendarmes et sergents de ville », tout ce monde là était en permanence, cherchant à trouver une combinaison ou un moyen quelconque d'arréter le mouvement de « cette bande nombreuse d'insurgés, de pillards et d'incendiaires »,.... comme on nous qualifia le lendemain.

Partis de Barbaste à cinq heures du matin, Nous étions au petit jour à deux kilomètres de Nérac, lorsqu'on aperçut des gendarmes à cheval expédiés sans doute pour reconnaitre « la colonne ». Ils s'arrétèrent à trois cents mètres environ et quand ils eurent vu l'étendue de notre corps d'armée, ils tournèrent bride rapidement et avertirent les Autorités que 8 ou 10 mille hommes allaient bientot entrer en ville.

L'apparition subite de ces chapeaux à claque ne ralentit pas notre marche. En arrivant, on défila entre deux petites pièces de canon en bronze montées sur affuts, une de chaque coté de la grande route et prètes à faire feu.

Le Souspréfet et le Commandant de gendarmerie, entre autres, insistèrent auprès du Maire,

M. Laroze, pour commencer l'attaque; mais « la peur » de ce réactionnaire enragé lui inspira l'idée d'arréter tout acte d'agression, qui aurait sans doute occasionné de grands malheurs.

Tranquillement et en bon ordre, « la colonne » traversa Nérac pour se rendre à Agen qu'elle atteignit dans l'aprèsmidi, avec de nouvelles recrues faites en route et qui augmentèrent son contingent.

Au lieu d'entrer en ville où il n'était pas facile de pénétrer, elle établit son quartier général sur une hauteur située à l'extrémité de l'avenue qui fait suite au pont de pierre sur la rive gauche de la Garonne, et à un endroit appelé encore la demi lune.

Là on acquit la certitude qu'Agen était calme, que des pièces d'artillerie défendaient les deux bouts du pont et qu'il était urgent de battre en retraite. Alors aussi.... mais trop tard, on comprit qu'il y avait « trahison », et une espèce « de conseil de guerre » fut tenu pour juger le traitre Darnospil, organisateur et chef du soulèvement insurrectionnel.

V

Les uns voulaient qu'il fut condamné à mort et qu'on l'exécutat séance tenante; les autres, moins résolus et dont la plupart étaient les acolytes de « ce dégoutant personnage », obtinrent une majorité qui passa outre aux débats et mit le prévenu hors de cause. La sentence rendue et le jugement connu de Tous, il ne restait plus qu'à déguerpir sans tambour ni clairon et à battre en retraite.

Il était temps aussi de partir au plus vite, car la nuit arrivait bon train amenant pour escorte la gendarmerie par devant et par derrière: signe que tout avait été prévu.... vendu et préparé.

Alors commença une déroute complète, mais quelle déroute!... une fuite désordonnée et une course folle à travers les champs où on se débarrassait des armes et d'autres objets inutiles, pour mieux sauter les haies et franchir les fossés. Pauvre colonne!

Pauvre et malheureuse colonne, en effet, dont j'avais prévu l'insuccès, mais non la fin désastreuse à laquelle j'aurais pourtant voulu assister, dans le but de remplir « une tâche » que les circonstances m'avaient imposée et que « mon devoir » me fit accepter à titre d'essai.

En arrivant à Nérac pour aller à Agen, moitié vivant et moitié mort, ayant toujours en bandoulière « mon terrible fourreau de bancal », il me fut impossible d'aller plus loin. Je m'arrétai là, après que toute « la colonne » eut traversé le pont sur la Baïse pour continuer sa route vers Agen.

Quelques heures plus tard, me sentant moins faible et un peu mieux, je me rendis à Cauderoue avec l'intention de me reposer au lit et d'attendre ainsi la fin des évènements.

Le même jeudi au soir 4 Décembre 1851 et à la même heure où « les camarades » échappaient aux poursuites des argousins du Coup d'Etat, je capitulais « moi » aussi devant « sept ou huit femmes » qui m'assaillirent à mon arrivée, et m'obligèrent à fuir pour me soustraire à leurs menaces et à leur colère enragée.

Ces personnes ou plutot ces furies qui étaient nos voisines et connaissances, m'accablèrent d'insultes et de vilains propos. Elles me dirent que leurs maris étaient peut-être morts devant

Agen et que puisque j'étais avec eux à la colonne, je n'aurais pas dû les abandonner.

Ce fut en vain que je fournis des explications qui justifiaient amplement mon retour, dont les motifs étaient d'ailleurs assez apparents. Ces endiablées de femmes ajoutèrent en propres termes que j'étais « un lache et un traitre », deux épithètes qui n'ont jamais atteint le niveau de mes habitudes pas plus que celui de mon caractère et de ma dignité.

Cette manifestation bruyante autant que violente et bien certainement inattendue, confirma les soupçons que j'avais sur « le patriotisme » des maris de ces mêmes femmes.

La scène scandaleuse dont j'étais l'objet, sans aucun égard pour mon état maladif, ne me laissa plus aucun doute, surtout quand j'aperçus madame Gaube, dont j'étais le locataire, et son fils Joseph, mon élève, se joindre aux autres femmes pour m'invectiver d'un ton brutal et menaçant.

En présence d'une situation qui s'aggravait à chaque instant et qui prenait une mauvaise tournure, je résolus d'y mettre un terme au plus vite : sans prendre un seul instant de repos et qui plus est.... « sans pouvoir entrer chez moi »..., je quittai ma famille et le bourg de Cauderoue pour revenir à Nérac.

Le lendemain vendredi, un silence morne et presque suffocant régnait dans toute la ville, qui ressemblait à un vaste cimetière où l'on rencontrait plus de morts que de vivants. Partout la crainte et la stupéfaction; pas un cœur, pas une ame qui osat s'épancher ni un visage s'épanouir.

Mais ceux qui avaient la peur au ventre, une peur flambante et noire par exemple, c'étaient les « cléricaux et les autres souteneurs » du Coup d'Etat, qui ne savaient pas encore au juste si Paris était vaincu ou triomphant.

En outre, et depuis la veille au soir, la prison de Nérac commençait à loger un nombre assez respectable de pensionnaires fugitifs venant de la colonne, pris dans la soirée ou dans la nuit avec d'autres insurgés et suspects recueillis à domicile.

VI

En présence de tels évènements dont la gravité ne permettait de se faire aucune douce illusion, je compris bien vite que j'avais à subir l'autorité du vainqueur et à rejoindre bientot les camarades déjà prisonniers. Quelques amis encore libres que j'avais à Nérac m'engagèrent à partir et à me rendre chez moi, à Castets, puis à Bordeaux où j'avais des parents. La chose était facile et j'aurais pu ainsi me rendre introuvable, sinon pour toujours au moins pour quelque temps et à titre provisoire.

Il me fut impossible de prendre une telle détermination, ou plutot, de commettre une pareille lacheté; car, quoique vaincu tout de bon, je ne pouvais rougir de « ma défaite » et encore moins capituler devant « ma conscience », absolument calme et satisfaite.

Rivé à une situation malheureuse et cloué à l'accomplissement d'un devoir respectable, je n'avais pas à me cacher ni à fuir, mais à rester où j'étais et à attendre. Je restai donc et j'attendis.

Mon attente ne fut pas longue et ne dura que jusqu'au lendemain samedi, 6 Décembre 1851. Ce jour là et vers deux heures du soir, je quittai Nérac pour revenir à Cauderoue en compagnie de « ma femme », qui était venue me trouver et qui me soutenait bras dessus bras dessous, vu l'état de faiblesse dans lequel je me trouvais encore.

Arrivés ainsi un peu hors de la ville et non loin de la brasserie, je sentis une main qui me frappait doucement sur l'épaule ; en me retournant je me trouvai en face d'un chapeau à claque et figure idem : un gendarme bien entendu, qui m'invita poliment à le suivre ayant pour mission, dit-il, de me conduire « par devant monsieur le Maire,.... qui avait quelque chose à me dire. »

J'obéis à l'instant et nous voilà partis, ma femme et moi, pour exécuter à reculons ce tour de promenade bien triste, d'ailleurs, et qui fut le dernier, car depuis lors je n'ai plus été à Cauderoue.

Au lieu de comparaitre par devant M. Laroze, maire de Nérac, je me trouvai en face « du procureur » de la République dont l'abord peu aimable et distingué ne m'inspirait pas grande confiance.

Après m'avoir fait subir un assez court interrogatoire relatif à mon identité je fus soumis à un questionnaire passablement inutile et ennuyeux, pour ne pas dire bète, qui se termina par cette exclamation interrogative et mensongère: « Ah! .... c'est vous qui portiez le drapeau rouge à la colonne? »

Quoique peu en train de discuter longtemps, je répondis à cette fausse accusation d'une manière qui ne laissait aucun doute. « Gendarmes, dit alors le procureur, conduisez-moi cet homme en prison, » et quelques minutes après, transi de froid et brulant de fièvre, j'allai m'étendre sur un bon lit de paille dont il n'était pas facile de tirer à soi la couverture.

MA FEMME ET LE SUS DIT PROCUREUR

Chargé de procurer des victimes à Bonaparte, qui en avait grand besoin, et d'en bourrer la prison de Nérac, le même procureur, deux jours après mon incarcération, envoya chercher « ma femme » par les gendarmes. Elle refusa de les suivre et leur dit de s'en aller, avec promesse que dans un instant elle serait rendue au parquet.

Fidèle à sa parole et un quart d'heure plus tard, ma femme était devant ce magistrat, qui, planté debout devant la cheminée, lui dit carrément:

— Vous êtes accusée d'avoir été à la colonne portant de la poudre et des balles pour les insurgés.

Ces quelques mots étaient accompagnés de certains gestes ou mouvements de tête à l'adresse des gendarmes de planton, et qui signifiaient, en jargon de l'époque : «fou....rrez-moi ça tout de suite en prison. »

Au même instant « la prévenue exhiba un grand couteau » ayant vingt centimètres de lame qu'elle tenait sous son tablier, et en dirigea la pointe à la figure « du procureur » qui recula épouvanté en disant :

— Calmez-vous madame!

— Non, monsieur, répondit ma femme en gardant son attitude menaçante, je ne me calmerai pas. Indignée autant qu'innocente d'une pareille accusation inventée par la canaille, mon cœur outragé se révolte et je ne cèderai pas!! Vous avez mis en prison mon mari et je ne veux pas aller le rejoindre. Sachez, monsieur, que j'ai deux orphelins qui ont besoin de leur mère et que je ne puis abandonner.

Ces paroles énergiques et cette résistance

désespérée, jointes à l'argumentation pointue et tranchante « du couteau » qu'il avait sous le nez, décidèrent « le procureur » à prendre ses conclusions en disant:

— Madame, retirez-vous.

— Si vous voulez que je sorte, répondit ma femme, renvoyez ces deux gendarmes qui sont à la porte et défendez-leur de me suivre.

VII

N'ayant pu réussir à capturer sa victime le matin et voulant prendre sa revanche sans courir aucun danger, « le dit procureur » délégua quelques heures plus tard les mêmes agents à domicile.

De son coté, « ma femme » qui s'attendait à un retour offensif après sa victoire, se tenait sur ses gardes et veillait. Elle ne fut donc pas étonnée d'apercevoir « les deux archers » dans la rue et pas loin de son logement. Vite elle reprit « son couteau » et se dirigea vers la porte où elle arriva presque en même temps qu'eux.

— Halte là! leur dit-elle, en montrant son arme, ou si vous essayez de franchir le seuil vous n'irez pas plus loin. On n'a pas osé me prendre là bas et vous venez me chercher ici.

— Pardon, madame, dirent les gendarmes, nous ne venons pas pour vous prendre, mais pour savoir qui vous a prété ce couteau ou s'il est à vous.

— Allons, allons! pas tant d'histoires et décampez, leur dit ma femme, en leur fermant la porte au nez.

Ce dernier incident termina les hostilités survenues entre « ma femme et le procureur » de la Républiqne. Trois jours après, la situation devint moins tendue, les intentions moins hostiles et beaucoup plus conciliantes entre les deux parties, ainsi qu'il résulte d'un fait qui se produisit encore et dont voici l'exposé succint.

Isolée dans le petit hameau de Cauderoue et même abandonnée depuis que j'étais en prison, « ma femme » résolut de déménager pour revenir à Nérac. Elle fit part de ses intentions au propriétaire, le sieur Gaube déjà nommé, qui répondit que pas un meuble ne sortirait de chez lui avant de payer le terme échu.

— Traitre et canaille vendu à Bonaparte ! lui dit ma femme, vous êtes sorti de prison pour avoir dénoncé mon mari et d'autres personnes et vous avez l'audace de me demander de l'argent! Vous n'aurez pas un sou et je partirai quand même; car je ne veux pas rétribuer votre acte infame de mouchard, qui détruit et assassine ma famille.

Un instant après, « ma femme » se rendit à Nérac dans le cabinet « du procureur » qui lui demanda poliment quel était l'objet de cette visite inattendue.

— Monsieur, dit-elle, la position malheureuse où je suis réduite m'oblige à vous demander un service qu'il vous est facile de m'accorder et voici pourquoi. Seule maintenant et privée de mon mari puisqu'il est en prison, il faut que je parte de Cauderoue et mon propriétaire, un nommé Gaube, s'oppose à mon départ, objectant qu'il veut être payé d'un terme échu de location.... et je n'ai pas d'argent à lui donner. Je vous prie donc, monsieur, d'avoir la bonté de m'adjoindre un agent quelconque pour aller à Cauderoue avec moi.

— Madame, dit le procureur, un sergent de ville sera mis à votre disposition demain matin, et ce jour là en effet, vendredi 12 Décembre, « un agent de police et ma femme » se mettaient en route pour Cauderoue (1).

Avant d'arriver à domicile, « ma femme » s'imagina une bonne ruse qui devint un piége adroitement tendu et dissimulé, où « le propriétaire récalcitrant » fut bientot pris.

Elle fit cacher « le sergent de ville » tout près de la maison, lui dit de ne pas bouger et de se rendre à son appel. Quand le sieur Gaube fut tête à tête avec « sa locataire » et qu'il comprit qu'elle était seule, il renouvela son refus dans un langage violent et peu courtois.

— Ah! vil manant! lui dit ma femme, puisque c'est ainsi que tu me traites, je vais te faire reconduire en prison, et à l'instant, fidèle à la consigne, le sergent de ville apparut.

Tremblant de surprise et de peur, Gaube devint souple, fort traitable et même complaisant, car il offrit d'accorder tout ce qu'on lui demanderait.

Obéissant « aux ordres de ma femme, » cet homme opéra le déménagement lui-même, paya tous les frais en y ajoutant une charretée comble de bois de chauffage.

(1) De Cauderoue à Nérac, il y a cinq quarts d'heure de marche environ.

VIII

Par les détails qui précèdent, je n'ai pas eu l'intention exclusive de faire l'éloge de « ma femme » ou de rendre un hommage public à sa rare énergie, dans un moment surtout où « la terreur bonapartiste » régnait partout sur la France vaincue et asservie.

J'ai eu pour but au contraire d'établir combien étaient laches et inhumains, abrutis et corrompus ces hommes du 2 Décembre 1851, devenus les complices de Napoléon dernier, qui, durant près près de vingt années s'est roulé sur les ruines de notre seconde République, absolument comme Octave, dit Auguste, s'était roulé quarante-quatre ans sur les ruines de la République romaine.

J'ai voulu montrer aussi que notre second Empire avait résolu et inauguré « la destruction de la famille », par l'emprisonnement d'abord sans distinction de sexe, ensuite par l'exil, après l'avoir assassinée et ruinée, comme à Paris et ailleurs, à coup de sabre, de baïonnette et de fusil.

Je laisse de coté deux autres engins puissants

qui ont eu de la vogue : « le cassetête et le gourdin », dont la logique brutale était plus forte que celle du raisonnement, et qui ont fourni un contingent respectable d'innocentes victimes.

Les évènements de cette époque néfaste avaient été si bien prévus et organisés, que « les Commissions militaires » instituées pour le triomphe de Badinguet, siégèrent presque partout le même jour.

Celle d'Agen qui fonctionnait déjà lors de mon entrée en prison à Nérac où j'étais encore, avait statué sur des cas nombreux relatifs aux détenus politiques. La besogne allait bon train et l'activité était grande partout, car au fur et à mesure qu'on envoyait « les prisonniers » d'un lieu dans un autre, ils étaient en même temps remplacés.

Le 18 Décembre je fis partie d'un premier convoi en destination d'Agen et composé « de vingt et un prévenus », tous encaqués pour faire vingt quatre kilomètres, dans une espèce d'omnibus ou de charrette à volonté.

Mon départ de Nérac fut marqué par un incident regrettable que je dois rappeler en quelques mots et qui témoigne de « la brutalité » des agents préposés à notre surveillance.

Notre voiture de déménagement stationnait au

milieu d'un cercle formé de militaires du 13e chasseur venu de Marmande. Placé sur le derrière du véhicule, j'aperçus « ma femme » qui me faisait des signes pour me remettre un peu de linge et me dire un suprême adieu, car, malade comme j'étais encore, elle croyait ne jamais plus me revoir.

Aucun des chefs barbares qui étaient là, et malgré ses instances, ne voulut autoriser « ma femme » à franchir l'espace qui nous séparait. Elle courut alors du coté opposé où elle était, passa « sous le ventre d'un cheval », monta sur le marchepied de la voiture et au moment où nous allions nous embrasser pour la dernière fois peut-être, « un des gendarmes qui la connaissait depuis l'affaire « du procureur », la saisit brusquement par le bras et l'éloigna de même, avec la certitude que dans un pareil moment, elle avait dû oublier « son couteau ».

« Les Commissions militaires » ou tribunaux de fantaisie qui jugeaient sans procédure et à volonté, opéraient en général de nombreux acquittements surtout dans le Lot et Garonne où était le général DE GRAMMONT.

Cette manière de procéder qui témoignait d'une trop grande et facile indulgence envers les réfractaires au Coup d'Etat et qui frisait la trahison ne pouvait convenir à un gouvernement de rencontre sanctionné par le crime.

Quand « les égorgeurs du 2 Décembre » comprirent que les victimes leur échappaient ainsi trop facilement et qu'ils allaient en manquer, ils changèrent cette organisation judiciaire par trop défectueuse et complaisante.

« A ces commissions militaires» établies depuis quelques jours seulement, on substitua « les Commissions mixtes » formées de nouveaux éléments ou de quatre membres, « deux militaires et deux civils », triés sur le volet bien entendu.

IX

J'avoue que dans un tel moment et pour le succès d'une pareille cause, il fallait des hommes impitoyables et sans cœur, des juges inaccessibles à tout sentiment d'humanité n'ayant pour but que « l'extermination du parti républicain ».

Et on en trouva de ces canaques blancs, comme il en existe encore, puisque le 12 Janvier 1852 je comparus devant la nouvelle Commission mixte d'Agen composée de Portelet, commandant de gendarmerie, de Sarramia, secrétaire général de la préfecture, d'un sergent et d'un civil pour secrétaires.

Mon interrogatoire ne fut pas long, et de mème qu'à Nérac, on m'accusa d'avoir porté « le drapeau rouge à la colonne »: c'était faux, mais c'était un crime tout de mème. Après avoir répondu à cette accusation controuvée, le sus dit Portelet essaya d'obtenir des révélations odieuses et compromettantes. « Je lui dis que mon role consistait à répondre comme détenu politique, et non à faire le vilain métier de dénonciateur et de mouchard ».

— Ces républicains sont tous les mêmes, dit Portelet à son compère Sarramia, en se tournant vers lui. A les entendre, ils n'ont rien fait et ils sont tous innocents.

Quoique n'étant pas personnelle et qu'elle eût un caractère général, cette réflexion impertinente et hardie n'en était pas moins à mon adresse. Je la compris donc de cette manière, et tant par acquit de conscience que pour l'honneur « du parti républicain », mon devoir m'engageait à ne pas me laisser battre sur ce terrain, mais à riposter vigoureusement à une attaque aussi intempestive.

— Pardon, commandant! répondis-je alors, les vrais Républicains qui ont pris les armes sont innocents en effet, et si vous les trouvez coupables de quoi que ce soit, je vous serais obligé de m'apprendre quelle est la loi qu'ils ont violée et qui doit servir à les juger.

— Gendarme! s'exclama Portelet, reconduisez cet homme en prison. Et ainsi fut.

Et je revins sur mon lit de paille au milieu d'une chambrée assez bien fournie, où grouillaient plus « de cinquante prisonniers » dont quelques uns qui me connaissaient m'engagèrent à demander mon entrée à l'infirmerie, car le mauvais état de ma santé allait toujours en empirant. Je les remerciai de leur prévenante attention en leur déclarant qu'une telle demande n'aurait aucune chance d'aboutir.

Ayant compris mon refus, bien motivé d'ailleurs, « ces bons citoyens » voulurent essayer de m'être utile: ils tentèrent une démarche auprès du directeur et du médecin de la prison, mais leur bienveillante initiative ne servit à rien.

Donner des soins à une canaille de républicain, à un révolté contre l'insurgé Bonaparte, allons donc ! ce serait ridicule, et puisqu'il est ainsi malade, tant mieux, il n'y a rien à faire qu'à le laisser crever comme un chien.

Et pourtant, les agents secrets du Coup d'Etat qui nous suivaient partout en qualité «d'espions», recevaient des soins assidus et en particulier le traitre Darnospil, qui était bien nourri et couché à « la pension », en même temps que je souffrais étendu sur la litière du cachot.

Me voila donc encore logé à la même enseigne, et de plus, condamné sans admission de circonstances atténuantes : mais à quoi ?.... Je n'en savais rien, et pourtant je devais avoir une peine quelconque à subir.

Mes codétenus — je parle des républicains et non des mouchards qui étaient mieux informés que nous — mes codétenus qui avaient déjà passé devant la Commission mixte et ceux qui passèrent après, se trouvaient dans le même cas.

Une telle incertitude, qui augmentait avec notre détention préventive dont le terme nous était inconnu, avait quelque chose d'horrible et même d'effrayant: c'était une vraie torture pour ceux qui, manquant « de force morale » manquaient aussi « de résignation ».

Et « nos pauvres familles », dont nous étions

éloignés, qui étaient sans espoir et dans la désolation!

X

Des basses fosses aux greniers, la prison d'Agen était comble (1), et pour donner asile aux prévenus qui arrivaient chaque jour, il fallait évacuer ailleurs « les condamnés » que la Commission mixte jugeait à propos de retenir,... et le nombre en était grand. Les convois se succédaient

(1) Cette prison, appelée encore la maison Montluc, est un vaste local habité autrefois par « Blaise de Lassevau-Massencome, seigneur de Montluc », maréchal de France mort en 1577. Ce triste personnage est devenu célèbre par ses cruautés envers les Protestants qu'il fesait périr sans aucune forme de procès. Comme tous ces nobles bourreaux du Peuple qui vivaient du temps de la Féodalité, ou avant 1789, le sire « de Montluc » avait chez lui « des basses fosses et des oubliettes » qui existent peut être encore. — Je me rappèle qu'un jour, plusieurs détenus entendirent comme moi « des hurlements souterrains» . On nous apprit que ces cris épouvantables venaient « des basses fosses » où l'on avait mis, par punition, des condamnés politiques et autres. Nous n'étions pas évidemment « les premières victimes » qu'abritait la prison Montluc.

fréquemment et deux jours après mon interrogatoire, on expédia un chargement complet de « ces criminels politiques » en déstination de l'hopital, et dont j'étais le vingt et unième.

Notre situation éprouva ainsi un changement notable, surtout la mienne qui en avait grand besoin. Nous étions passablement chauffés et nourris; au lieu de nous trainer jour et nuit sur de la paille infecte et humide, nous avions des chaises et un bon lit chacun. Le mien portait le n° 7, et la sœur Gabrielle, qui avait pris la bonne habitude de me servir un bol de lait matin et soir, m'appelait toujours par le numéro de mon lit : « Voici pour mon numéro sept », disait-elle en entrant chaque fois.

Ce petit bienétre relatif ne pouvait durer longtemps, je le comprenais; car il fallait donner suite à la condamnation qui frappait chacun de nous. Huit jours étaient à peine écoulés, qu'un matin à quatre heures sonnantes, 20 janvier 1852, la porte de notre salle fut ouverte assez bruyamment par la sœur Gabrielle qui me portait un bol de lait, et qui, sur ma demande, nous informa que nous allions partir pour « une destination inconnue ».

Elle savait problablement le fin mot de la

chose, mais elle en garda le secret. Au même instant, deux gendarmes qui étaient à la porte crièrent à haute et intelligible voix : « Allons, allons ! dépêchez-vous, il faut partir », et chacun se mit en train pour recueillir son bibelot et faire son paquet. L'activité était grande sans être « dévorante ni gaie ».

Avant de quitter notre logement, une épreuve humiliante nous était réservée par ordre « des argousins du bas Empire » : nous eumes à subir l'ignominie d'être enchainés « deux à deux », absolument comme des forçats, des assassins et des voleurs. Ce procédé révoltant, qui était un mauvais présage, m'indigna sans m'étonner beaucoup, car j'avais compris déjà qu'on traversait une période de transition, plus ou moins longue, où « la haute canaille » devait traiter ainsi « les gens honnètes », déduction faite de ce qu'un avenir prochain nous réservait encore.

Quand la triste cérémonie fut terminée, les gendarmes inspectèrent les cadenas de nos chaines qu'ils trouvèrent en règle, et après cette constatation, ils nous ordonnèrent de partir, avec injonction de marcher au pas ordinaire, non par crainte de nous fatiguer, bien entendu, mais comme il fesait encore nuit, ils avaient peur

« ces esclaves de l'obéissance», que la proie qu'ils escortaient leur échappat.

Garrotté et surveillé dans toutes les régles d'un art que la barbarie seule est capable d'inventer, notre détachement fut conduit au quai d'Agen où l'on nous embarqua sur un bâteau à vapeur, « l'Eclair n° 6 », en destination de Bordeaux. Quelques nouvelles recrues arrivèrent encore, et à l'escale de Marmande on compléta le chargement. Quoiqu'il n'y eut qu'un arret de dix minutes, il y avait assez de monde sur le quai pour faire entendre des protestations énergiques que terminaient les cris répétés de « Vive l'amnistie! »

Cette exclamation vigoureusement accentuée n'influait en rien sur les évènements accomplis, mais son effet moral n'était pas sans avoir une certaine importance dans le département du Lot et Garonne, un de ceux qui furent les plus maltraités par « les criminels du 2 Décembre ».

XI

Levés depuis 4 heures du matin, n'ayant rien mangé depuis la veille et arrivés à Bordeaux vers 3 heures du soir, après un trajet de 9 heures environ, il était permis d'avoir faim comme il nous tardait de débarquer et de prendre quelque nourriture (dont j'avais grand besoin, soit dit entre parenthèse). Mais notre espoir était illusoire, car nous avions compté sans Pandore et son Brigadier, qui se trouvèrent d'avoir raison « tous les deux », puisqu'ils nous intimèrent l'ordre de rester à bord et de coucher en rade.

Dans sa condition de « condamné » par un tribunal de fantaisie ou constitué illégalement, chacun de nous n'était plus « un homme », mais une chose, un colis et un ballot facile à rouler et à fourrer au premier endroit venu.

« Tous ensemble » nous formions donc une marchandise de rebut, ou si on veut, un tas de pacotille qu'on pouvait arrimer d'un bateau dans un autre: c'est ce qui eut lieu en effet, puisque de

« l'Eclair n° 6 » on nous fit passer à bord de « l'Eclair n° 8 ».

Le lendemain ce fut le même travail de transbordement que la veille. Après avoir passé une longue nuit sur des bancs et sur des tables, sans couverture bien entendu, éreintés de fatigue et de misère, on nous fit déménager à bord du « Courrier du Commerce », autre bateau à vapeur qui arrivait d'Agen et qui nous porta au débarcadère des Quinconces, vis à vis les colonnes rostrales.

A l'entrée de la nuit, nous étions encore transbordés dans le « Duc d'Orléans », ancien navire qui servait alors de ponton.

Arrivés dans la grande carcasse de ce vieux Duc où il n'y avait pas une cabine et encore moins une chambre garnie, on s'arrangea de manière à être le moins mal possible. On dormit un peu et on veilla beaucoup, en songeant quel serait le terme final de notre avenir toujours incertain, et dont le sombre horizon nous apparaissait de plus en plus inquiétant et triste. Notre situation commençait à devenir horrible.

Le mardi 22 janvier 1852, à 7 heures du matin, il fallut encore déménager comme la veille et quitter le « Duc d'Orléans » pour se rendre à bord du vapeur « le Trim », qui fit escale à Blaye où nous devions débarquer pour être conduits à la Citadelle. On nous fit marcher assez lentement entre une double haie de soldats ayant sac au dos et baïonnette au fusil :.... une réception officielle complète!

Pendant le trajet il n'y eut ni foule ni encombrement; peu de curieux et encore moins de groupes : un véritable enterrement civil de première classe, quoi! accompagné d'un morne silence et d'un recueillement des mieux conditionnés, soit à notre colonne soit chez « la population » qui semblait avoir peur.

Je n'étais pas étonné de cette situation des esprits à notre égard, non seulement à Blaye, mais ailleurs, car les mauvaises langues et aussi les mauvais journaux avaient eu soin de propager le bruit que nous étions « des partageux », comme on disait alors, « des incendiaires et des pillards (1) ».

(1) Ce fut avec une semblable accusation portée contre « les braves citoyens » de Marmande, que le sieur Peyroni, déjà nommé au Chapitre Ier, essaya de se justifier devant le Conseil de guerre de Bordeaux qui le condamna tout de même. — Cet ancien colonel qui s'était bravement conduit en Afrique, n'eut plus de cœur quand il fut sur le

A son arrivée dans la Citadelle qui ressemble à un village pouvant contenir huit à dix mille soldats, « notre détachement » fut conduit dans un étroit sentier qui allait en pente et aboutissait « à un souterrain ». Avant d'entrer, on fit une courte halte qui nous permit de voir un espace obscur fermé par un portail à claire voie d'une solide construction, et qui donnait accès dans notre nouveau logement.

Il n'est pas possible que l'Enfer catholique romain — y compris l'ancien Tartare païen et même l'Erèbe, fils du chaos et de la nuit — puisse avoir une entrée pareille à celle là. Quand tout le monde fut dans ce lieu empuanti, où bien vite on devine que ce n'est pas là que l'on fait la cuisine, le portail roula sur ses vieux gonds rouillés et nous fit comprendre en se fermant, que l'air pur de « la liberté » nous serait pour longtemps interdit.

banc des accusés: il devint un lache et un traitre. Voici, je crois, ce qu'il répondit textuellement : — Je me suis mis à la tête de ces insurgés ou de cette bande pour éviter le pillage et l'incendie.

XII

Arrivés à domicile le même jour vers onze heures, il fallut attendre de la paille et des vivres qu'on nous avait promis. Durant notre attente, qui fut assez longue, nous étions groupés et debout derrière le portail, dans un espace restreint dont l'inclinaison et le mauvais état empêchaient de s'asseoir. On n'osait pas même quitter ce lieu et aller plus loin, car partout ailleurs on y voyait comme lorsqu'on a les yeux fermés. A la fin pourtant la distribution arriva : « pain de munition, cruches d'eau et une poignée de paille à deux, soit cinq kilos. »

Tous ces approvisionnements nous furent distribués comme à des ours.... entre les barreaux du portail en bois qui resta fermé. Ainsi que l'exige le moindre déménagement, on s'occupa de mettre tout en place et de faire de l'ordre avec un pareil désordre: la chose n'était pas du tout facile à cause du matériel encombrant, de l'exiguité du local éclairé où la nuit arrivait déjà, et enfin, parce que nous étions là deux cent onze pouvant à peine nous remuer.

Mon associé était un tout petit bonhomme de chevrier, nommé Médevielle, républicain convaincu, mais sans trop savoir pourquoi ni comment, et dont la peur égalait la simplicité. Quand nous eumes reçu notre misérable part ou ce qui revenait à deux hommes, « pain, cruche d'eau et paille », je lui dis qu'il fallait partir à la recherche, non pas d'une position sociale, comme Jérome Paturot, mais d'un endroit à pouvoir nous installer.

Il me répondit qu'il était à mes ordres et qu'il avait confiance en moi pour choisir un lieu convenable. Je compris son intention, qui était de rester là, pendant que j'irais en reconnaissance dans cet affreux souterrain.

Je m'aventurai donc tout seul, vers deux heures de l'après midi, dans une obscurité complète au risque de m'égarer ou de m'engloutir dans quelque précipice.

J'avais soin de marcher lentement et de m'appuyer à un mur dont l'angle m'avait servi de repère et d'orientation. Fatigué d'une course à la colin maillard, dans la boue, dans l'eau et respirant un air chargé de miasmes délétères, je sentais que mes forces m'abandonnaient, car j'étais encore d'une faiblesse extrême.

Je résolus donc de rebrousser chemin et de revenir à mon point de départ; mais avant, je voulus tenter une expérience qui me donna un éclair de frayeur: je glissai la main le long du mur qui me servait d'appui et de boussole; au niveau du sol, qui avait l'épaisseur de la main, je passai mon bras jusqu'à l'épaule dans un vide sans fond,.... et je partis aussitot.

Mon associé me croyait perdu, car j'avais mis « trois quarts d'heure » pour faire deux ou trois cents pas aller et retour. L'insuccès de ce voyage difficile et périlleux ne m'engageait certainement pas à le renouveler; aussi, Médevielle et moi nous installames bien vite notre lit, moitié dans l'eau et dans la boue, contre un énorme pilier de forme quadrangulaire.

Vers la tombée de la nuit tout le monde avait choisi son domicile et savait où aller coucher. A ce moment là, on nous fit une distribution de grandes terrines où trempait une soupe abondante dont quelques cuillerées suffirent pour contenter le plus robuste appétit.

Après le diner, il y eut des groupes qui se formèrent à proximité du portail, où le plus grand nombre avait élu domicile parce qu'en cet endroit il y avait un peu d'air et de clarté. Chaque figure qui se trouvait là était décomposée, excepté la mienne qui l'était depuis longtemps, et là aussi, on se livrait à perte de vue au calcul des probabilités pour avoir le résultat final de notre déplorable situation.

D'autres fesaient quelques pas de promenade, et en circulant ainsi, quelques uns touchèrent avec la tête un objet invisible et mobile qui fuyait en le touchant.

La nouvelle se répandit bien vite qu'un corps se balançait ainsi dans l'espace; notre chronique locale alla bon train là dessus en donnant à ce fait les proportions d'un phénomène inexplicable.... alors que c'était tout bonnement « un gros paquet de tabac à fumer », puis « un litre d'eau de vie », le tout pendu à une corde fixée à 40 ou 50 pieds de hauteur à une espèce de lucarne, où l'on voyait un faux jour de l'épaisseur de la main.

XIII

Pour justifier les quelques détails qui précèdent, tant sur notre situation que sur l'affreux asile où nous avaient enterré « les fossoyeurs du 2 Décembre», voici la pétition, trop longue de moitié, qui fut adressée par Nous à M. le comte d'Harbouville, alors commandant de place à Bordeaux.

« A Monsieur le Lieutenant-Général.

« MONSIEUR,

« Du fond des casemates de Blaye, 211 détenus politiques poussés à bout par des souffrances inouies ignorées sans doute de l'Autorité supérieure, viennent faire un appel à votre justice et à votre humanité.

« Lorsqu'ils furent jetés dans ces catacombes qui n'avaient encore abrité aucun être vivant, on répondit à leur stupeur par l'assurance que leur séjour y serait de courte durée: c'est pourquoi ils ont souffert jusqu'à ce jour sans se plaindre. Aujourdhui que la maladie les a décimés ; que 50 d'entre eux ont dû être transférés à l'hopital; que plus de 50, en attendant cette faveur, sont courbés par la fièvre sur le fumier qui leur sert de couche, ils ignorent encore quel jour doivent cesser leurs tortures et n'ont d'autre ressource que d'élever la voix vers vous.

« Le souterrain où ils croupissent, profond de plus de 50 pieds, n'est pas seulement humide : le sol est recouvert sur beaucoup de points de 6 à 8 centimètres d'eau et partout ailleurs d'une boue épaisse. Les soupiraux étroits destinés à donner de l'air n'en fournissent qu'une quantité insuffisante pour 200 personnes et ne laissent d'ailleurs passer aucune lueur de jour. L'obscurité complète qui règne à midi comme en pleine nuit, impose aux détenus l'obligation d'allumer constamment des bougies, soit pour manger, soit pour écrire, soit pour se mouvoir.

« L'administration eût pu leur procurer une lampe: elle n'y a même pas songé; mais c'est là, Monsieur le Lieutenant-Général, la moindre de leurs souffrances, car ils peuvent y remédier par des frais de luminaire. Il en est autrement de l'eau qui tombe constamment de chaque pierre de voûte, qui vient mouiller leurs aliments pendant leurs repas et leurs vêtements pendant le sommeil. Etendus sur une même couche de paille pourrie qui les sépare à peine de la boue, ils sont pénétrés à la fois par l'humidité qui s'exhale du sol et par l'eau qui pleut de toutes parts; tel est en un mot l'état de ces couches, qu'on a vainement tenté, dès les premiers jours, d'en enflammer la paille.

« Quant à l'air qu'on respire, aucune expression ne peut rendre l'insupportable odeur qui résulte des miasmes produits par la paille corrompue et par les exhalaisons pestilentielles dégagées par six énormes baquets toujours occupés.

« Cette affreuse situation, Monsieur le Lieutenant-Général, à peine entrevue par quelques personnes étrangères à la prison, et dont nul au dehors ne peut avoir une juste idée, a cependant produit dans la ville de Blaye une vive émotion et des sentiments de pitié.

« Avec un empressement dont « les détenus » conserveront un long souvenir, on a tenté de généreuses, mais de vaines démarches pour nous obtenir un moins horrible casernement. On a ouvert des souscriptions pour venir au secours des plus nécessiteux d'entre nous. « Le Bureau de bienfaisance » a envoyé des couvertures, quelques matelas, des vêtements et autres secours en nature.

« Tous ces nobles et charitables efforts, Monsieur le Lieutenant-Général, luttent en vain contre l'incroyable insalubrité de nos cachots et ceux d'entre nous qui résistent encore au mal, atteints depuis quelques jours par une hideuse vermine, se sentent à la veille de succomber comme la moitié l'ont déjà fait, etc., etc.

« Ce que nous avons l'honneur de vous exposer, Monsieur le Lieutenant-Colonel, est d'ailleurs au dessous de la réalité dont « rien « ne peut donner une juste idée. Convaincu qu'un tel excès de souffrances n'est jamais entré dans les vues de « l'autorité supérieure », nous en appelons à votre haute équïté d'une pareille prison préventive, « cent fois pire que la plus rigoureuse condamnation (1) ».

« Nous sommes, Monsieur le Lieutenant-Général, etc.

« Blaye, le 6 Février 1852 ».

(1) Je fesais partie des 150 qui signèrent cette pétition, les autres étant à l'hopital. Quoique toujours malade, anéanti alors et presque mourant au fond du souterrain, jamais on ne voulut me donner des soins, ni à la prison ni à l'hopital d'Agen, ni à Blaye. C'est probablement pour cela que je suis encore en vie.

XIV

« Les colliers en fer, les chaines et anneaux » que nous avions découverts scellés aux murs rongés par le temps et la rouille, prouvaient que « des êtres humains » avaient péri là dedans, victimes, comme nous, de l'absolutisme sauvage et de la tyrannie barbare des Gouvernements absolus.

Je dis : « comme nous », car ce n'était pas sans motif ni sans but qu'on nous avait imposé un gite dans les effrayantes profondeurs de cet horrible caveau, où chaque jour et toutes les nuits surtout, nous assistions au spectacle lugubre de notre futur enterrement.

« Nous étions là pour être fusillés sur place. »

J'affirme l'exactitude de cette déclaration qui a un caractère officiel, puisque je la tiens d'un Capitaine bonapartiste bien « corsé », aujourd'hui lieutenant colonel en retraite dont j'aurai occasion de parler encore. Cet officier avait des renseignements précis, car il me dit, en ces termes, le nombre des victimes à immoler :

— Les deux cent onze détenus politiques de Blaye devaient être passés par les armes. Et s'adressant à moi : — Si vous n'êtes pas encore mort, dit-il, vous devez votre grace et votre obligation à l'Empereur.

— Ma grace ! bien possible, capitaine, lui dis-je; mon obligation, jamais ! par exemple, car si nous sommes encore en vie, « mes compagnons» de Blaye et «moi »; c'est que l'usurpateur Bonaparte, lache et peureux comme tous les malfaiteurs qui arrivent au pouvoir par le crime, n'osa pas nous sacrifier et qu'il donna ordre de surseoir à notre exécution.

Voici maintenant pour quel motif probable.

Les atrocités commises à Paris dans les journées des 3, 4 et 5 Décembre 1851, sur les boulevarts, dans les rues, les casernes, corps de garde et postes de police, jointes à celles qui eurent lieu en Province, établirent partout le régime de la Terreur. On protestait à la sourdine et tout « cœur français » tremblait d'indignation.

Ce fut néanmoins dans de telles circonstances qu'on fit deux élections législatives en Janvier

1852, qui donnèrent pour résultat la nomination de « deux députés républicains ».

Le citoyen Carnot fut élu député à Paris et le citoyen Hénon à Lyon. Un tel succès eut deux avantages qui inquiétèrent tous les malandrins du nouveau Gouvernement :

1° Il était d'abord une protestation en règle contre les assassinats et abominations de Décembre ; 2° il prouvait ensuite que « tous les républicains n'étaient pas morts» puisqu'ils relevaient si hardiment la tête, pour combattre l'Empire à coups de bulletins.

Badinguet n° 2, dit Napoléon III, qui travaillait pour son compte personnel, comprit alors qu'il y avait assez de « victimes » dont le sang répandu criait vengeance « contre lui », et que s'il en augmentait le nombre en fusillant les 211 détenus à Blaye, le bras vengeur d'un Ravaillac quelconque pourrait fort bien lui percer la basane. Cette seule idée le fesait trembler, et voilà pourquoi, comme Michel Morin, un quart d'heure avant ma mort je serai encore en vie.

Après être restés 22 jours ou plutot 44 nuits dans cet affreux tombeau où pas un animal n'aurait vécu deux semaines, « un ordre » vint de déguerpir et ce n'était pas trop tot, pour nous rendre dans les casernes de la vaste citadelle.

Ce déplacement fut comme une résurrection, ou un retour de la mort à la vie. Nous respirames alors, et le grand air gonfla bien vite nos poitrines épuisées en même temps que nos yeux pouvaient s'ouvrir à la lumière.

A Blaye comme à Agen on m'avait refusé l'entrée à l'hopital, car toujours de plus en plus malade, « nos bourreaux » me laissaient mourir, ce qui leur épargnait la corvée de me fusiller,.... tant ces brutes là avaient le cœur sensible et humain!

Et dire que nous souffrions ainsi toutes ces tortures morales et physiques, « mes camarades et moi, pour un Traitre ambitieux » qui voulait s'emparer du trone! Quelle honte et quel malheur pour la Patrie !

XV

Pour donner le change à l'opinion publique fortement émue de notre situation, et ne pas endosser la responsabilité, qui lui incombait, l'Empire, dont la noble habitude consistait à frapper des victimes innocentes alors que « lui seul était coupable », accusa le commandant de la citadelle, M. de Saint-Fargeau, de nous avoir traités avec trop de rigueur.

Quoiqu'il aimat à lever le coude un peu trop souvent et qu'il eut sa petite pistache du matin au soir, il était positif que cette vieille brisque de commandant, avait dû obéir à un ordre supérieur ce qui ne l'empécha nullement d'attraper deux mois d'arrets forcés. « Une injustice après l'infamie » : — quelle audacieuse horreur !

Eu égard au casernement que nous venions d'abandonner, le nouveau que nous occupions n'était pas sans avoir un certain confortable, je veux dire qu'il réunissait d'assez bonnes conditions hygiéniques dont notre santé avait besoin. En outre, si nous n'avions pas « la grande liberté » nous pouvions jouir de « toutes les petites » qui, n'allaient jamais plus loin que les verrous des portes et les grilles en fer de nos croisées.

Somme toute, puisque « la vie » nous était rendue, il fallait bien la conserver et en avoir soin. Ceux qui possédaient des moyens en bourse, n'avaient qu'à lacher le cordon pour étre bien servis par « le cantinier » de la citadelle et les restaurateurs de Blaye.

Dès ce moment, il y eut table mise tous les jours dans les douze chambres où nous étions logés avec les malades revenus de l'hopital. Selon mes ressources pécuniaires, je fis chorus avec les camarades en usant des précautions exigées par l'état de ma santé aux trois quarts démolie, car j'étais un homme à la mer qui surnageait encore un peu, mais qui attendait le moment d'être englouti par le flot.

Si la chose n'a pas réussi de cette manière, je crois que c'est la faute à Badinguet qui est parti « sans moi » après la finale de son role, à l'heure du cadran de sa vie et à l'échéance de sa mission providentielle.

Il y avait en général parmi nous beaucoup moins de tristesse et plus de gaité: on mangeait, on buvait plus souvent encore; on chantait aussi et partout on voyait des groupes qui jouaient aux cartes, même assez avant dans la nuit. Nous usions de toutes ces innocentes libertés avec la permission d'un officier qui avait la surveillance et la direction de notre détachement.

Ce brave homme, je dirai plus, ce cœur honnête, sensible et humain, était le capitaine Smith qui poussait l'obligeance jusqu'à nous offrir et nous donner la clé de son logement, pour recevoir nos amis ou les parents qui venaient nous visiter.

Quelques jours avant les 22, 23 et 24 Février 1852, le citoyen Smith nous accorda l'autorisation que nous lui avions demandée, de célébrer l'anniversaire de ces trois grandes et mémorables journées de notre Révolution de 1848.

Le 22 au matin, tout le monde était debout de bonne heure; on se mit en train de pavoiser avec le linge que nous avions et en disposant les couleurs avec une certaine régularité. Les ceintures, les cravates et les mouchoirs furent mis en réquisition; mais ce qu'il y avait d'original, par exemple, c'était de voir « des balais » servant de hampes à « des turbans rouges » qui flottaient au vent en guise de drapeaux.

Comme nos appartements étaient sur la même

ligne formant un coté de rue, nos décorations avaient un aspect bizarre et en même temps agréable à l'œil, car dans leur disposition il y avait une certaine uniformité. Aussi, le capitaine Smith enchanté de notre installation, visitait notre quartier qui lui servit de promenade durant « trois jours, » et chaque fois il s'approchait de nos croisées pour nous dire avec un air content et satisfait: — Ça va bien, mes amis, ça va bien!

Quand nous étions « sous terre » il nous tenait un autre langage: — Ça va mal, mes amis, ça va mal, disait-il! Mais alors, les trois quarts d'entre nous ignoraient la portée ou la signification de ces paroles, qui étaient une allusion à notre arret de mort, lequel ne fut pas exécuté pour le motif que je signale au chapitre précédent.

XVI

Il y avait déjà quelque temps que nous étions renfermés ainsi comme des ours dans leurs cages, tant on voulait nous conserver! lorsque un beau matin en nous promenant sur l'esplanade qui est au bord de l'eau et où on nous laissait une demi heure par jour, nous aperçumes un batiment de l'État mouillé en face de la Citadelle; c'était la frégate « l'Isly ».

Alors plus de doute: après avoir navigué sur l'eau douce, il était probable qu'on allait nous faire voyager sur l'eau salée, et ce n'était trop tot, car il nous tardait un peu et même beaucoup de changer de domicile..., avec la perspective, bien entendu, d'aller « mourir » sur la terre d'exil, en Algérie, à Cayenne, ou à Nouka-Hiva, où fut déporté Charles Delescluse, car à cette époque, on n'avait pas encore inventorié la Nouvelle Calédonie comme lieu de transportation.

Quelques jours après une corvette à vapeur et à

voiles de premier rang, « le Colbert », vint aussi jeter l'ancre dans les eaux de la Gironde, non loin de « l'Isly » et vis à vis la Citadelle. La présence de ces deux batiments nous fit comprendre qu'ils n'étaient pas exclusivement affectés au transport des deux cent onze détenus à Blaye; mais qu'il y avait d'autres prisonniers à Bordeaux et ailleurs, qui devaient, comme nous, faire route pour une destination inconnue. Personne ne savait encore, dans le public ni parmi nous et d'une manière positive, sur quelle terre étrangère devait s'opérer notre débarquement.

L'incertitude mortelle où nous étions à cet égard, rendait notre attente anxieuse et vive en même temps; car nous avions hate d'étre rendus à un endroit quelconque du globe, afin de connaitre le terme d'une détention préventive déjà trop longue et qui commençait à offrir, pour certains d'entre nous, les symptomes apparents d'une lente agonie.

Un premier convoi ayant été enfin expédié sur « l'Isly », on apprit alors avec une certitude mélangée de doute et de méfiance, que nous étions tous en destination pour l'Algérie.

Huit jours après le départ de « l'Isly » ayant à à bord un premier convoi, et le dimanche 14 Avril

1852, à l'heure des vêpres (1), les portes de nos prisons furent précipitamment ouvertes et on se mit en route pour s'embarquer sur « le Colbert », mouillé à plusieurs kilomètres au large.

Le commandant « de Saint-Fargeau et le capitaine Smith » qui vinrent nous accompagner, bien entendu, se placèrent l'un en face de l'autre au bout de la passerelle conduisant au ponton, où un bateau à vapeur nous attendait pour nous porter à bord du « Colbert ».

En passant entre « ces deux officiers », nous tenions nos chapeaux en l'air en criant plusieurs fois de suite : « Vive le capitaine Smith ! » Cet

(1) Ne pas confondre les Vêpres de Blaye en 1852 avec les Vêpres siciliennes de 1282. A ces deux époques néfastes « le clergé catholique » s'égayait un brin en chantant à pleins poumons, comme il a toujours fait dans les temps malheureux où il y a eu des victimes immolées à son profit.

A Palerme, capitale de la Sicile, il y eut le massacre de « tous les Français par les Italiens »; « à Blaye et ailleurs il y avaient des victimes faites par les Français eux-mêmes ».

En Sicile, le pape Nicolas III et ses bandits avaient organisé les Vêpres siciliennes, comme en France Napoléon III et ses bourreaux avaient organisé le 2 Décembre. Cette coïncidence est frappante, mais on ne peut la nier, car elle appartient à l'histoire.

excellent homme se montra fort sensible à cette petite ovation inattendue, témoignage respectueux de notre vive gratitude, à tel point que de grosses larmes sillonnaient ses joues et qu'il resta découvert tout le temps de notre défilé. Pas un mot ni un salut pour le commandant.

En arrivant à bord où l'on nous fit un accueil assez bienveillant, on nous divisa par séries dont chacune avait un chef et un numéro. L'endroit qui nous nous fut destiné se trouvait à la proue ou sur l'avant du bateau. Les uns avaient l'entrepont pour logement et les autres étaient à fond de cale avec moi. Nous avions en outre un espace réservé sur le pont et assez restreint, où nous pouvions circuler à tour de role et en nombre déterminé.

Ce lieu de promenade avait pour limite une corde tendue à hauteur de ceinture et qu'on ne pouvait franchir, car nous étions gardés et surveillés militairement par des soldats appartenant à ce 75° de ligne, dont il est question au chapitre II concernant les affaires de Marmande.

Je dois ajouter ici que « l'équipage » du « Colbert », composé de 350 hommes, était « républicain » depuis le commandant jusqu'au mousse appelé Misère, et qu'il avait voté contré l'Empire.

Aussi « les soldats » de notre escorte étaient mal vus à bord, comme le prouve un fait que je signalerai bientot et qui eut lieu au moment de débarquer en Afrique.

XVII

Ces militaires étaient si peu dégourdis, je veux dire tellement sauvages et abrutis, que lorsque « le bout » de nos souliers dépassait tant soit peu « la corde » qui servait de barrière, ils nous frappaient sur « les pieds » à coups de crosse de fusil et sans aucun avertissement préalable. Voici d'ailleurs un fait dont je fus alors témoin et qui prouve combien « l'armée avait été pervertie et corrompue ». Les soldats de la France étaient devenus les soldats de Bonaparte.

Un de mes compagnons de route et d'escouade en Afrique, le citoyen Charles Sauvage, aujourdhui décédé, aperçut un jour un de ses voisins de Nérac, qui montait la garde sur le pont à l'entrée de notre escalier. Content de trouver là « un pays », il monta et s'assit sur la dernière marche pour causer avec ce factionnaire, qui ne daigna pas ouvrir la bouche pour lui dire un mot. — Tu ne me connais donc plus, lui dit Charles, parce que tu es soldat ! mais si tu reviens à Nérac, et moi aussi, je te promets de me faire connaitre.

Il y avait « quatorze jours » que nous étions en route, sans avoir encore aperçu la terre, ce qui était pour beaucoup d'entre nous un sujet d'inquiétude qui les portait à croire qu'on allait à Cayenne. Je tachais de les rassurer en leur disant que nous devions être vis à vis les côtes sud de l'Espagne et que bientôt on changerait de direction en cinglant « à l'est » pour gagner l'Algérie.

Ces appréciations que me suggéraient mes connaissances géographiques et le peu de vitesse du « Colbert », se trouvèrent parfaitement exactes, car le lendemain, 28 Avril et à 2 heures du soir, nous étions en face du détroit de Gibraltar. A babord, on apercevait dans le lointain, le beau cap Saint-Vincent qui forme la pointe sud-ouest du Portugal.

Le Commandant du bord, qui n'était ni content ni pressé de nous débarquer sur la terre d'exil, nous dit qu'il voulait nous procurer l'agrément d'admirer à notre aise le panorama immense et magnifique dont nous occupions le centre. Au même instant, il fit arrêter la machine et ordonna de mettre en panne, à « dix milles » environ de l'entrée du détroit (1).

Tout le monde se rendit sur le pont et chacun de nous eut ainsi une assez longue et agréable distraction que la nuit vint interrompre. A l'avant comme à l'arrière du « Colbert », la vue se perdait sur l'immensité de l'Océan et de la Méditerranée ; à tribord et à babord, les sinuosités gracieuses et abruptes des côtes d'Espagne et du Maroc; dans le détroit enfin, les deux assez hautes montagnes autrefois nommées « les colonnes d'Hercule », ou Calpé en Europe et Abyla en Afrique.

Dans la soirée et vers six heures environ, un incident imprévu détourna nos regards qui se portèrent alors sur un grand voilier à la marche rapide, sortant du détroit et se dirigeant vers nous: c'était un vaisseau anglais de haut bord. Il eut bientot rejoint « notre corvette »,qui servit de point de centre aux évolutions circulaires

(1) Le mille anglais ou lieue marine a 1609m 31 de longueur et le mille français 1851m 52.

opérées à quelques encablures seulement par le dit vaisseau, et auxquelles on ne comprenait rien du tout.

Le « Colbert » fit les signaux d'usage, mais inutilement et ce qui augmentait notre surprise, c'est qu'on ne voyait pas un seul homme d'équipage ni mème un officier sur le banc de quart. Au bout de trente minutes, « cet anglais » disparut vers Gibraltar et fut bientot remplacé par un autre qui se livra aux mêmes évolutions et disparut aussi à l'entrée de la nuit.

Les divers gouvernements de l'Europe ne donnèrent pas tous leur adhésion à l'assassinat du 2 Décembre 1851, qui ramenait sur le trone de France un sujet de race napoléonienne. L'Angleterre surtout, qui avait enterré « l'Oncle » à Sainte-Hélène, ne voyait pas de bon œil l'usurpation « du Neveu » et les criminelles proscriptions ordonnées par ce Sylla des temps modernes.

Les deux batiments anglais que nous avions vus, formaient « une croisière » ayant pour mission de constater si notre corvette avait des prisonniers à bord. On apprit encore qu'au lieu d'aller en Afrique et si on avait bien voulu, nous pouvions alors quitter le « Colbert » et nous embarquer pour l'Angleterre.

XVIII

Le lendemain matin à dix heures notre corvette reprit sa marche vers l'Algérie. On passa le détroit et le 30 Avril 1852, après seize jours de mer qui furent une assez longue promenade, on atteignit Mers-el-Kébir, village situé au bord d'un petit golfe et qui sert de port à Oran. Il nous fut permis alors de rester sur le pont et de constater aussi un dernier exploit du 75e de ligne, dont le détachement qui nous servait d'escorte était méprisé de tout l'équipage.

Au moment où « le canot » du service sanitaire se dirigeait vers le «Colbert» pour remplir sa mission d'usage, « un soldat » se mit en train de canarder, sans aucun ordre, « les six marins et le lieutenant » qui montaient l'embarcation.

Il avait déjà son fusil à l'épaule, et allait tirer lorsqu'un marin qui était à coté de moi derrière ce militaire, lui prit sa baïonnette pendue au ceinturon, en lui disant: « Si tu tires, je te perce », et la vivacité de cette menace arréta le doigt de cette brute.

Quand tout le monde fut à terre on nous conduisit au camp Saint-André, vaste baraquement en bois construit presque au bord de l'eau et formé de plusieurs corps de batiments dont chacun avait deux rangées de lits. Avec ceux qui nous avaient précédés et ceux qui arrivèrent ensuite, nous étions là 752 prisonniers dont chacun ignorait sa future destination, car il était probable qu'on ne voulait pas nous garder en cage pour nous engraisser sans rien faire.

En attendant d'être plus mal, ce qui ne pouvait manquer, on était relativement bien et chacun avait toute sa liberté d'action poûr être mieux, surtout sous le rapport de la nourriture,... moyennant finance bien entendu.

Cinq ou six jours après notre arrivée, on nous demanda si nous voulions « coloniser » en nous informant que dans ce but, des listes nous seraient présentées et sur lesquelles chacun serait libre de signer à titre d'acceptation.

Ce nouveau truc de coquin avait pour but de nous fixer au sol, pour nous oter le droit et l'habitude de travailler dans le domaine de « la politique » : c'était la confiscation de « nos libertés » avec l'esclavage en plus dans toutes les horreurs d'un exil lointain et mortel. Aussi, les listes en question trouvèrent un froid accueil et les adhésions ne furent pas nombreuses.

Un fait historique me revint alors à la mémoire et je m'en servis auprès de mes compagnons d'exil pour réagir contre un tel système de colonisation, qui avait déjà réussi à « un ancien proscripteur couronné » qui vivait au IXe siècle.

Après « trente ans » d'une guerre furieuse contre les Saxons qu'il voulait soumettre à la doctrine ou religion du Pape, Charlemagne transporta ce peuple vaillant dans « nos landes de Gascogne », où il colonise et travaille encore aujourd'hui.

Puisque l'histoire de France a fait de Charlemagne un grand Empereur et l'église de Rome « un grand Saint » parce qu'il fut un grand criminel, je demande, en ma qualité de proscrit, que « notre grand et illustre proscripteur Badinguet », soit canonisé aussi, et colloqué avec « ses camarades », déjà inscrits sur la liste des Saints qui enjolivent nos Almanachs.

En présence de notre refus de travailler la terre, le Gouvernement était mis en demeure de prendre une décision ou un moyen quelconque d'utiliser nos loisirs. Quoique vaincus et dans l'exil, « notre dignité » nous imposait le devoir de ne pas sanctionner le crime de Décembre par une acceptation qui n'aurait été qu'une lache obéissance, et un désaveu formel ou « un mea culpa » de notre conduite passée.

Comme précédemment, nous n'avions donc qu'à remplir jusqu'au bout, sans faiblesse aucune, notre role « d'insurgés » et s'il le fallait, attendre d'être domptés par cette force bestiale dont nous étions déjà victimes. C'est ce qui eut lieu en effet, ainsi qu'on le verra bientot, pour la majeure partie d'entre nous.

XIX

Par l'attitude de notre fermeté ou la résolution de ne pas accepter « le travail », l'Empire reconnut que son plan avait besoin d'être modifié dans un sens moins restreint, plus large et un peu plus libéral. On nous dit alors que « l'internement » serait accordé à tous ceux qui en feraient la demande. Alors aussi, beaucoup de Proscrits ayant des rentes ou des professions qui leur permettaient de vivre la canne à la main ou en travaillant de leur état, allèrent habiter les villes et les villages d'où ils ne pouvaient sortir qu'avec la permission de l'autorité locale.

Quelques jours plus tard, on essaya de nous enjoler encore avec les mêmes propositions émaillées des plus belles et des plus riches espérances : elles restèrent infructueuses et eurent moins de succès que les précédentes. On essaya encore un autre moyen de vaincre notre résistance en nous accordant des permissions de sortir, obtenues par une simple demande verbale adressée au Commandant.

En outre, la musique « des disciplinés militaires » venait jouer au camp le dimanche et le jeudi. Enfin, on installa un théatre dont « les proscrits » formaient la troupe, sur lequel on jouait de petites pièces et où l'on chantait la romance et la chansonnette.

Les habitants « comme il faut », de Mers-el-Kébir et d'Oran venaient, ces jours là, nous égayer de leur présence et rompre ainsi l'uniformité ennuyeuse d'une bien triste existence.

Cette vie de caserne ne pouvait toujours durer et il était temps d'y mettre un terme. D'ailleurs, le personnel du camp diminuait chaque jour par suite du départ de beaucoup « d'internés » dont j'aurais pu augmenter le nombre.

Le Commandant de place, en effet, qui m'avait accordé l'autorisation de faire de la musique avec les disciplinés, m'offrit un emploi dans les bureaux de l'Intendance. Surpris de mon refus auquel il ne s'attendait pas du tout, cet officier supérieur me pria de le motiver ou de lui en expliquer la cause.

Je lui répondis et je tachai de lui faire comprendre qu'étant « un défenseur du Droit », je n'avais pas « à parlementer avec mon devoir » qui m'obligeait à rester martyr pour la Liberté de la Patrie, c'est à dire à continuer mon role de vaincu et de proscrit. — Je ne puis donc, lui dis-je encore, me séparer de mes compagnons d'exil : il faut que je marche et que je reste avec eux,.... soit pour vivre ou pour mourir.

— J'apprécie votre dévouement à la Chose Publique dont vous êtes un solide champion, me dit le Commandant, et dans ce cas, je n'insiste plus. (Textuel.)

Il y avait près d'un mois que nous étions au camp Saint-André, lorsqu'on nous avertit de notre prochain départ. Nous nous attendions à recevoir cet ordre, car un premier détachement était en route depuis trois ou quatre jours et comme à l'habitude, sans connaitre son point d'arrivée.

Le 6 Mai 1852 et à 2 heures du matin, nous quittames aussi Mers-el-Kébir au-nombre de 165, et toujours, bien entendu, pour une destination inconnue. Notre colonne se mit en mouvement au pas ordinaire et au chant de la *Marseillaise*. Les zouaves que nous avions pour escorte fesaient chorus avec nous, mais avec une certaine retenue.

Non compris les zouaves, connus en Afrique sous les noms vulgaires de « chacals et de zouzous », il y avait « les trainglos » ou soldats du train, chargés de veiller au transport de nos bagages et du matériel de campement. A part la rude corvée de franchir nos étapes avec une atmosphère de 50°, au milieu d'épaisses broussaillles et par des chemins à peine tracés, nous avions à porter notre batterie de cuisine composée de marmites, de seaux, gamelles et bidons.

Je dois ici faire l'éloge des braves soldats qui nous accompagnaient, et qui, mieux acclimatés que nous et plus habitués à la fatigue, nous aidaient à transporter nos ustensiles de ménage.

XX

Après avoir traversé Oran de bonne heure on alla déjeuner au village d'Arcole, et le soir, vers 4 heures, on fit grande halte à Saint-Cloud, autre village construit dans une plaine aux trois quarts inculte, où s'élève la montagne des Lions taillée en pain de sucre et qu'on voit depuis Mers-el-Kébir.

Là, nos joyeux et complaisants « zouzous » dressèrent les tentes pour tout le monde; on prépara le diner, on se mit à table,.... assis par terre sans cérémonie,.... et comme nous n'avions pour coucher qu'un sol durci par la chaleur, on se procura quelques menus végétaux sur lesquels on passa la nuit : « à la guerre comme à la guerre ».

Le lendemain matin à 4 heures, on quittait Saint-Cloud, pour aller à Saint-Leu gouter deux heures de repos et continuer l'étape jusque sur les bords de la Macta; petite rivière dont le nom est devenu historique, par la fameuse bataille que le général Cavaignac y perdit contre Abd-el-Kader en 1847.

Comme nous étions rendus à la grande halte, nos tentes furent intallées sur ce même champ de bataille, à proximité d'un terrain noirci où il y avait encore des ossements et sur lequel on avait fait bruler des milliers de cadavres.

J'ai à faire ici une petite halte ou digression, pour raconter en peu de mots un évènement qui se produisit alors et dont aucun de nous n'avait jamais été témoin, surtout dans une pareille situation. Vers minuit ou une heure du matin environ, tout le monde fut réveillé par le bruit effrayant d'une horrible tempête.

Je n'avais nulle part assisté à un pareil concert ni entendu encore une aussi infernale musique, dont l'épouvantable harmonie était formée par « les six instruments » que voici, de première force et première fabrique : « le vent, la pluie, la grêle, le bruit de la mer, les éclairs qui nous aveuglaient et les coups de tonnerre » qui fesaient trembler le sol.

A partir de ce moment, personne ne ferma l'œil,.... et nous avions besoin de sommeil. Pour faire plaisir à Badinguet, qui nous y avait mis, il fallut donc rester là :.... sous nos toiles, sans bouger, dans la boue, dans l'eau et pris comme des poissons dans un filet. Beaucoup de tentes, le plus grand nombre, restèrent debout non sans être fortement ébranlées comme celle où nous étions vingt, mais d'autres étaient aplaties et renversées sur le personnel qu'elles étouffaient et qui eut de la peine à se dégager.

Quand le jour eut fait disparaitre l'obscurité de cette nuit affreuse et que le calme vint succéder au bruyant tintamarre de la tempête, on s'occupa de lever le camp, qui était dans un désordre complet, et d'en réunir les divers matériaux.

Après ce travail, moins difficile que fatigant et ennuyeux, on se mit à faire et à prendre le café, puis, le même jour, vers 10 heures, notre colonne se mit en route pour la Stydia, joli petit village habité par des colons prussiens.

En quittant cet endroit où nous avions fait une petite halte, on suivit une voie spacieuse, bien nivelée et entretenue, qui nous soulagea un peu de nos fatigues au milieu des broussailles et autres chemins en mauvais état. Nous approchions de Mostaganem, quand vers 4 heures du soir on aperçut une grande foule qui encombrait la route et se dirigeait vers nous.

Le détachement, qui était passé la veille à la

même heure, avait annoncé notre arrivée et les habitants de Mostaganem étaient venus nous rejoindre pour nous faire la conduite jusqu'en ville.

Cette manifestation spontanée et sympathique nous toucha profondément ; elle avait un entrain qui nous fit plaisir, et de son coté, elle comprit que nous n'étions pas des hommes à courber le front, mais au contraire, d'honnètes et de braves Citoyens qui devaient marcher la tête haute, pour avoir défendu le glorieux Drapeau de l'Indépendance nationale, odieusement trahi, sali et déshonoré par « l'infame Soulouque et toute sa clique ».

XXI

Arrivés à Mostaganem vers quatre heures du soir et harassés de fatigue, on nous conduisit au fort de l'Est situé sur une hauteur qui domine la ville. Au lieu de nous reposer il devint plus urgent de se mettre en train de faire la cuisine, non pas dans les chambres « s'il vous plait », mais dehors, en plein vent, en plein soleil et dans le fossé qui environne le fort.

Il n'était pas facile de trouver des endroits convenables pour installer nos marmites, car le dit fossé était rempli de ronces, de mauvaises herbes, le tout habité par des serpents, des lézards, des scorpions et ornementé par des millions d'escargots et d'un nombre respectable de toiles d'araignées. Mon compagnon Médevielle qui ne m'avait pas abandonné depuis Blaye, et moi, nous étions aussi, comme les autres, occupés à chercher un trou pour allumer le feu.

Dans cet intervalle, deux Messieurs en bourgeois qui avait pu entrer au fort avec nous, me demandèrent si je savais où nous allions. Je répondis négativement et l'un d'eux me répondit alors :

— Vous allez au Pont-du-Chéliff rejoindre vos camarades qui sont passés ici avant hier, et dans six mois, peut-être avant, les trois quarts d'entre vous seront morts.

Cette confidence inopinée qui me parut être l'expression d'un avertissement cordial, excita ma surprise et ma curiosité. Sans façon et sans préambule aussi, je priai mon interlocuteur de me fournir quelques explications, justificatives de la nouvelle peu rassurante qu'il venait de me transmettre, et voici les renseignements qui me furent donnés à cet égard.

— Le Pont-du-Chéliff, me dit à peu près ce Monsieur, est un village situé à une assez longue étape de Mostaganem et composé d'une trentaine de maisons en pierre. Il fut construit en 1846-47, en même temps que le pont, sur la rive droite du fleuve dont il porte le nom, et il était destiné à devenir un centre de colonisation; mais pendant qu'on le construisait, des épidémies causèrent la mort à plus de « quinze cents personnes (1500) », tant militaires que civils. Depuis cette époque, ce village est resté désert et inhabité, car pas « un seul colon » n'a jamais voulu s'y établir.

— Comme nous avons déjà refusé le travail, dis-je alors, et c'était « notre droit » puisque nous sommes exilés ici sans qu'aucun tribunal légalement établi nous ait jugés ni condamnés, on veut nous enterrer en Afrique n'ayant pas osé nous enterrer en France: c'est moins expéditif et dangereux, mais aussi sûr et plus commode.

— Puisqu'il en est ainsi, répondit ce Monsieur, je m'explique et je comprends pourquoi le Pont-du-Chéliff, dont le climat vous tuera, a été choisi pour devenir votre tombeau. (Textuel.)

Quelle douce et attrayante consolation!

Le lendemain à notre lever qui eut lieu à quatre heures, on changea notre escorte et « les turcos » remplacèrent les zouaves (1). On partit à cinq heures et on fit une courte halte au village d'Aaïn Boudinar, après avoir passé à celui des Libérets et de Touniïn. De là, on apercevait la vallée du

(1) Appelés aussi Tirailleurs indigènes d'Oran, les Turcos sont des Arabes appartenant à des tribus soumises et qui s'engageaient pour deux années au service de la France, au prix de « un franc par jour et les vivres » avec faculté de réengagement à l'expiration de leur congé.— Je n'ai pas besoin de dire que ce sont de rudes soldats et surtout des factionnaires inflexibles pour exécuter la consigne.

Chéliff, ou mieux Schéliff, couverte d'un épais et blanc brouillard au dessus duquel nous étions.

On descendit la hauteur assez lentement et peu à peu la vue du Pont-du-Schéliff et des environs se dessinait mieux à nos regards et à notre impatiente curiosité. Enfin, on aperçut « les camaros » arrivés déjà, et quand nous fumes tous réunis, chacun éprouva un certain soulagement d'être enfin rendu à sa dernière étape.

Quand on se trouva ainsi en famille, toujours pour faire plaisir à Badinguet, on nous divisa par groupes dont chacun formait « une escouade » ayant un numéro d'ordre, et composée de vingt personnes. Sur les trente deux maisons éparpillées au bord du Schéliff et composant notre village, nous en occupions la moitié.

Chacun de nous avait son petit mobilier fourni par l'État et formant un lit composé d'une paillasse, trois planches, deux tréteaux, une couverture et un sac de campement. Notre linge sale nous servait de traversin.

XXII

Dès ce moment, le village prit le nom de « Colonie pénitentiaire du Pont-du-Schéliff », non pas que nous eussions besoin de douches pour équilibrer nos idées et nous mettre le moral d'aplomb, mais parce que Badinguet avait besoin de nous tenir en pénitence.

Pour gérer un établissement de ce genre il fallait des hommes à poigne et une administration qui eut du biceps. En ce temps-là comme aujourdhui, de tels éléments n'étaient pas rares et on trouvait des hommes suffisamment corrompus et disposés à tout faire quand on leur montrait le chemin de « la caisse ».

Le Directeur de notre Colonie avait toutes les qualités requises et l'aptitude suffisante pour être un digne valet du maitre, surtout dans le système des spéculations malpropres. Cet administrateur de notre Pénitencier était un enfant naturel nommé Debecker, engagé volontaire, capitaine décoré au 68° de ligne ayant fait la campagne de Rome avec le général Oudinot en 1849.

Jeune encore et ambitieux autant qu'intéressé, il vit dans ce nouvel emploi une situation exceptionnelle qui lui permettrait de s'enrichir ; il en profita, bien entendu, sans avoir l'idée que ses combinaisons financières le conduiraient à sa perte.... comme on le verra.

Après avoir organisé tout notre personnel en escouades, le capitaine nomma un chef pour chacune, ayant mission de nous surveiller, d'aller au rapport trois ou quatre fois par jour, de nous donner et de nous faire connaitre les ordres et les instructions émanant du quartier général de la place dont le dit Debecker était bien entendu le commandant.

Dans chaque maison, qui abritait une escouade divisée en deux, et pouvant ainsi contenir deux familles isolées par un mur mitoyen, il y avait deux cheminées, une à chaque extrémité de l'immeuble.

Notre Directeur avait pour nous des prévenances qui n'étaient pas souvent un témoignage d'amabilité : sous prétexte que nous aurions trop chaud dans nos escouades, il s'imagina de nous faire griller en plein soleil. Après nous avoir interdit d'allumer du feu dans les cheminées, il nous obligea de construire nous-mêmes des fourneaux en briques, dehors et à proximité de chaque maison.

Là, que le temps fut beau ou mauvais, chacun de nous fesait la cuisine à tour de role, et à tour de role aussi, nous avions à nous procurer du bois soit au bord du Schéliff, dans les montagnes ou dans les ravins et à plusieurs kilomètres du camp, ce qui rendait cette corvée toujours pénible et assommante.

A part ce gouvernement absolu qui nous régissait à sa fantaisie et dont le sauteur Debecker était le chef, il y avait « un service militaire » préposé à notre garde et avec lequel nous n'avions aucun rapport direct. Il se composait d'un capitaine ayant son petit état major comme l'autre, d'une compagnie, non pas de soldats français, mais de « turcos » et renouvelable tous les trois mois. Il fallait bien utiliser les 40 ou 50 mille hommes qui flanaient en Algérie.

Quand tout fut ainsi en règle et organisé au mieux, notre Directeur nous demanda si nous voulions coloniser, accepter le travail et l'attrayante position qui nous était offerte. Toujours la même rengaine et la même histoire, et toujours aussi le même refus que précédemment.

Ennuyés de cette proposition réitérée trop souvent, on finit par dire carrément au sus dit Debecker que nous ne travaillerions que contraints par « la force », et qu'à cet égard, nous demandions à passer devant un conseil de guerre, pour être absous ou condamnés.

XXIII

Près de deux mois s'écoulèrent avant que notre situation provisoire fut régularisée, et durant cette période, nous vivions en rentiers, car notre aimable Gouvernement nous donnait juste assez de quoi vivre pour ne pas mourir de faim. Le capitaine Directeur qui s'ennuyait autant que nous de mener une vie casanière, essaya de mettre un terme à cettte dure et profane oisiveté.

Dans « la journée », il nous exerçait à l'école du soldat sans armes y compris la manière d'aligner le petit doigt avec la couture du pantalon. Le soir il nous conduisait à des exercices religieux, comme des enfants de troupe, dans une maison transformée en église où « le curé » d'Aïn Thédelez venait pérorer le jeudi et dire la messe le dimanche.

Notre Clergé national, qui a toujours dans la boussole de vouloir changer « la France en un couvent et les Français en capucins », n'a jamais été en retard pour exercer son prosélytisme, soit en gros ou en détail (1). Quand on fait conversion à droite dans l'Art militaire ou dans celui de l'Eglise romaine, c'est toujours « la gauche « qui marche.

Or, comme nous appartenions en majeure partie « à l'extrème gauche », à ce qu'il y avait de plus extrème et de plus gauche, le sieur Debecker et le curé de là bas s'étaient entendus pour nous convertir; mais les saintes blagues qui partaient du bahut à sermons n'avaient pour nous « rien de sacré »,..... pas plus que pour

(1) Ce Clergé national, composé de célibataires en jupons qui se promènent la semaine et qui chantent le dimanche, ce Clergé, dis-je, inventé au 4e siècle par le grand et criminel Constantin, a toujours eu la prétention d'instruire et d'éclairer le Monde,... lui qui ne sait pas encore son Catéchisme!... ainsi qu'il est très facile de le prouver avec « ce même Catéchisme ».

« un sapeur », comme dit une vieille chanson.

Il y avait déjà quelque temps que nous consommions sans rien produire, nourris que nous étions sur la marmite du Trésor, lorsqu'un beau jour la sonnerie du clairon nous réunit sur la place où se rendirent les deux Capitaines. Après que nous eumes formé un grand cercle sur une seule ligne, le directeur Debecker et quelques officiers vinrent se placer au centre.

Parmi eux il y avait une figure nouvelle qui n'était autre que celle du fameux colonel Espinasse, le même individu qui avait chassé l'Assemblée nationale et dont il est question au Coup d'Etat, chapitre III de la première Partie de cet ouvrage.

— Je suis envoyé par l'Empereur, dit-il, avec mission de visiter les Colonies pénitentiaires formées en Algérie, et d'améliorer votre condition de Proscrits. A cet égard, je vous engage donc à ne pas refuser le travail qui vous a été offert déjà, mais à l'accepter au contraire, tant pour vous que dans l'intéret de vos familles dont vous êtes séparés.

Le témoignage d'une si honteuse et hypocrite sollicitude était bien digne d'un gouvernement dont l'instinct brutal ne fit pas de nous « une patée pour les chiens », mais qui, après nous avoir jetés sur la terre d'exil, avait encore la bassesse effrontée de nous humilier en nous rappelant le triste souvenir et l'intéret de nos pauvres familles abandonnées.

Un silencieux étonnement, qui nous fit monter au cœur l'indignation et le pourpre au visage, accueillit ce discours astucieux du dit Espinasse, lequel Espinasse ayant compris à son tour « le calme» de notre sévère attitude, termina son bavardage par cette menaçante et textuelle péroraison:

— Ceux qui refuseront le travail crèveront dans les forts d'Afrique.

Un tel langage,.... qui dénote un instinct de bête féroce,.... est bien celui d'une instruction mal raffinée et de l'éloquence populacière de certains hommes du second Empire.

L'insuccès du Colonel ne refroidit pas le zèle de notre Capitaine, qui, par l'intermédiaire de nos Chefs d'escouade, nous adressait de fréquentes et toujours d'inutiles sollicitations. Un autre moyen fut encore mis en usage, moins pour vaincre notre résistance que dans le but de se débarrasser de nous et de restreindre les dépenses qu'exigeait notre couteux entretien, sans compter les frais généraux.

On nous conseilla de pétitionner afin d'obtenir « notre grace » de l'Empereur, c'est à dire que nous avions à faire valoir ou à exposer « nos droits méconnus » et à demander notre retour en France.

XXIV

La chose n'étant pas difficile, chacun de nous se mit à l'œuvre pour construire ce nouveau ballon d'essai. Nos lettres étaient remises à Debecker, et ce travail de pétitionnement renouvelé plusieurs fois ne servit à rien du tout. Nos demandes avaient un vice de forme, parait-il, qui les rendait inacceptables et les empêchait d'aboutir.

Nous avions l'audace, pardon! le sentiment du devoir assez élevé, pour ne pas faire la bêtise de sanctionner « le crime » d'abord, et d'envoyer ensuite notre adhésion à un Empire contre lequel nous avions pris les armes. N'ayant commis « aucun délit prévu par aucune loi », mais accompli «un acte de patriotisme »..... nous n'avions pas à formuler notre soumission et encore moins à l'expédier.

Nos lettres ne passèrent jamais le pont construit sur le Shéliff, car autant nous en écrivions autant le dit Debecker en jetait au feu. Il devait être d'autant plus satisfait de nous jouer ce tour, qu'il avait intéret à ce que nous restions tous ensemble en famille: nous avec lui et surtout lui avec nous, car en fidèle bonapartiste, il aimait à ne pas trop s'éloigner de « la caisse ».

Je veux dire que par l'emploi qu'il occupait ou dans sa position de Directeur, il lui était facile de prospérer et de s'enrichir, non avec sa solde de capitaine, mais par certaines combinaisons financières dont il sut habilement tirer parti. Cet homme était non seulement un fourbe, mais un adroit voleur qui me vola « deux pièces de cent sous » en ma présence, comme je le dirai à l'occasion de mon départ d'Afrique.

Avant de parler de notre organisation définitive qui eut lieu après la tournée officielle du colonel Espinasse, j'ai à fournir quelques détails succints et inédits, se rattachant à nos rapports avec « les nombreuses tribus indigènes qui nous avoisinaient ». Dans ces rapports, qui étaient fréquents et journaliers, les Arabes se montraient fort réservés, peu communicatifs et très méfiants.

A mon sens ils n'avaient pas tort, car nos compatriotes.... des Français comme nous.... leur fesaient tant de misères qu'ils en étaient venus à haïr ou à craindre « les soldats » qui les tuaient au besoin et les maltraitaient, et à détester « les colons » qui possédaient leurs terres et les maltraitaient aussi.

Dans de telles conditions il est évident que « l'Arabe » ne pouvait aimer « le pantalon rouge » et que « le costume civil » n'avait pour « lui » aucun attrait. Or, comme nous n'avions pas l'habit militaire et que nous occupions un village inhabité jusqu'alors, on nous prenait pour « des colons », et de là cette prudente retenue dont nous étions la cause et l'objet.

Nos gardiens les turcos avaient sur nous des renseignements précis, car ils savaient que nous étions « proscrits ». En outre, certains de mes camarades ayant fait la campagne d'Afrique savaient assez la langue du pays pour se faire comprendre des indigènes, qui, à leur tour, finirent par savoir pourquoi nous étions leurs voisins.

Dès ce moment, les Arabes eurent avec nous des relations plus franches, plus amicales et j'en ai vu « pleurer » quand on leur disait que nous étions ici comme Abd-el-Kader était en France, lequel était alors proscrit et prisonnier au château de Pau.

D'autres nous demandaient si nous avions des femmes et des enfants, et ils nous plaignaient en nous témoignant leurs sympathies et leurs regrets, quand nous répondions d'une manière affirmative. Ils nous disaient aussi en levant les yeux au ciel et les bras vers la France, que « la Mouléna », Dieu, dont Mahomet est le prophète, nous rendrait à nos familles en nous donnant la liberté.

Dès ce moment aussi, nous eumes une certaine satisfaction de toutes ces marques de bon voisinage de la part d'un peuple réputé sauvage, mais qui avait plus d'humanité, c'est à dire plus de cœur et de meilleurs sentiments que « ces ours à face humaine », qui avaient eu la brutale satisfaction de nous arracher au sol natal pour nous envoyer souffrir et mourir dans un autre climat.

XXV

Quelque temps après la visite du colonel Espinasse, notre situation subit un changement notable, qui permit à chacun de nous d'ajouter le titre de « forçat ou de galérien », à celui de « proscrit » déjà connu. Et cette opération ne fut pas longue, car avec « des gens comme nous il n'y avait ni politesses à faire ni formalités à remplir ».

Un matin de bonne heure, vers la fin du printemps, je crois, l'appel du clairon nous réunit sur la place où la compagnie des turcos vint former le cercle autour de nous. Là, sans introduction ni préface, Debecker nous dit qu'il fallait aller au travail et que ce travail serait rétribué au prix de « un franc » par jour, en sus de notre nourriture qui resterait toujours à la charge de l'Etat.

Cette nouvelle condition, qui nous assimilait « aux disciplinés militaires », convenait assez à la majeure partie des camarades, beaucoup plus habitués aux travaux utiles des champs et de l'atelier qu'à ceux de l'étude et de bureau. Et puis, « les vingt sous par jour » étaient déjà quelque chose :.... un bénéfice net et assuré, disait-on, devant servir à former « une masse » qui nous serait remboursée au départ.

Je n'étais pas du tout de cet avis, car je ne pouvais avoir confiance en « l'homme » qui administrait la Colonie et manipulait nos affaires à son gré. Lorsqu'on a des états de service — je parle du sieur Debecker — constatant qu'on a participé au vol de la Liberté Nationale, soit en France ou à Rome, on est bien capable de prendre « autre chose » sans rien dire. Un fait que je signalerai justifia mes prévisions et mes pressentiments.

Après que notre Directeur nous eut signifié à haute et intelligible voix la sentence arbitraire qui nous condamnait « aux Travaux forcés », on revint à l'escouade et on prit le café comme d'habitude. A cinq heures sonnantes, les turcos vinrent nous chercher pour nous conduire à un vaste magasin où on nous fit une abondante distribution de pelles, de pioches et de brouettes.

On se rendit ensuite au chantier où les sergents du génie nous indiquèrent la tâche qui incombait à chacun. C'était comprendre et appliquer on ne peut mieux le système de l'Egalité :.... « Tous égaux devant la pioche et la gamelle comme dans les prisons ! » Jamais l'Empire n'a connu d'autre égalité que celle-là, pour les Républicains défenseurs du Droit et de la Liberté.

Les travaux de terrassement que nous avions à faire, consistaient à creuser, sans redoutes, un profond et large fossé de circonvallation pouvant garantir le Pont-du-Schéliff en cas d'attaque. Un tel projet devenait inutile, puisque les tribus arabes se trouvaient déjà soumises excepté celle des Flittas, qui était assez éloignée et qui n'inspirait aucune crainte.

Le plus clair de l'affaire, c'était de vouloir nous contraindre à coloniser, à faire venir nos familles, à nous avoir la peau, nous obliger enfin à nous construire « une prison » en même temps que « notre caveau. »

Depuis que j'avais été instituteur et employé des ponts et chaussées, cette nouvelle position sociale était la troisième que j'occupais. Elle n'était pas belle du tout, mais affreuse, je l'avoue, autant, sinon plus, que celle de mes compagnons d'exil, surtout de ceux qui n'avaient pas de famille. Néanmoins, j'en suis encore tout fier et j'en rappèle ici les phases diverses « sans honte et sans rougir parce que je ne l'avais pas méritée ».

Bien plus! je me fais gloire et honneur du titre de « Proscrit » que cette position m'a valu.

Quoi qu'il en soit, me voilà contraint à piocher, à brouetter et pour varier aussi, à jeter la terre à coups de pelle au dessus de ma tête. Je déclare que je n'avais pas un grand amour ni même de trop bonnes dispositions pour ces divers genres d'exercices. Et le pourquoi de la chose n'est pas difficile à saisir : quand on travaille par force on travaille avec dégout et alors on fait le moins de besogne possible, surtout quand ce travail est mal rétribué. Ce n'était donc pas « le salaire promis »,... qu'aucun de nous n'a jamais eu.... qui pouvait m'encourager.

XXVI

Pendant que les uns travaillaient dur comme des mercenaires, toujours en vue de palper un franc par jour, les autres se reposaient aussi longtemps et aussi souvent qu'ils pouvaient, car nos surveillants du génie n'étaient pas trop sévères à notre égard.

Il va sans dire que j'appartenais à cette dernière catégorie composant une assez faible minorité, avec laquelle pourtant, fusionna,.... mais trop tard,.... comme je le dirai bientot, cette intrépide et vaillante majorité, qui, outrée de notre mauvais vouloir et de notre peu d'activité, nous traitait de « fainéants » avec d'autres qualificatifs aussi peu aimables que déplacés.

Dans notre escouade, qui se qualifiait d'être la 11me sans tache, et surtout dans ma chambrée où nous étions dix, je me trouvais en butte aux vilains propos et aux injures de certains de mes camarades, qui, rongés et poussés par la jalousie, se vengeaient ainsi d'une manière peu convenable.

Je ne répondais à ces attaques et à ces invectives que lorsqu'elles étaient trop violentes ou trop grossières. Or, comme elles se renouvelaient chaque jour, soit au chantier ou à domicile, j'essayais quelquefois,.... mais inutilement, ... de calmer les transports d'une colère enragée, que mon silence, je l'avoue, provoquait bien souvent.

Ennuyé de toujours entendre la même ritournelle exécutée sur le même ton, je finis par trouver un moyen de changer l'air en même temps que la chanson.

Un soir que nous étions réunis et en train de causer pour nous distraire, un rude travailleur nommé Moreau, de Bréchan, près Nérac, et ancien hussard, essaya comme à son habitude, de pousser une charge à fond de train contre ceux qui se permettaient de ne pas travailler et suer autant que « lui ». Tout de suite je compris son but, qui était de m'attaquer pour mieux m'exciter à répondre, et je répondis en effet.

— Nous sommes ici tous égaux devant la même situation, dis-je à peu près à Moreau, et chacun de nous possède encore une liberté relative qu'il peut exercer à sa convenance. Si donc il vous était agréable de travailler jusqu'à extinction de respiration, vous êtes parfaitement libre, c'est votre affaire et non la mienne. Dans un cas pareil, je n'ai aucun droit à exercer envers vous, mais un devoir à remplir : celui de vous plaindre d'abord et de vous aider ensuite de mes conseils, comme je l'ai fait déjà,... mais sans être impoli et sans vous insulter.

— Il s'ensuit d'un tel raisonnement, dis-je encore à Moreau, que si vous étes libre de travailler beaucoup, je suis libre à mon tour de ne rien faire, ou de me reposer aussi beaucoup sans que vous ayez le droit de ne pas être content, et moins encore celui de m'apostropher en des termes fort peu courtois. En outre, vous ne comprenez absolument rien ni à votre situation, ni à celle de vos camarades.

Ce que vous appelez paresse chez moi,... c'est de la dignité, tout comme l'amour que vous affectez pour le travail n'est autre chose qu'une bassesse guidée par un intéret pécuniaire. Je veux dire que votre fainéantise dépasserait ou égalerait ma paresse,.... comme nous le verrons bientot d'ailleurs,.... si vous n'attendiez pas une rétribution.

Lors même qu'on me donnerait cent francs par jour ou par heure, dis-je enfin à Moreau, mon devoir serait d'augmenter ma paresse en raison directe de ces appointements et en voici la raison, qui est bien simple.

La punition ou la peine que nous subissons,.... tous ici dans l'exil,.... est un acte arbitraire que RIEN ne justifie, un assassinat et une infamie,.... non le résultat d'une faute commise encore moins d'un délit prévu par la loi.

Cette peine qu'on m'inflige est par conséquent injuste et imméritée Je dois donc l'éviter et m'y soustraire en travaillant le moins possible et à titre de protestation. L'accepter comme vous et d'autres aussi pour un franc par jour et vous tuer de fatigue, c'est accepter le crime et absoudre le Criminel du 2 Décembre, qui devrait être ici à notre place.

XXVII

Je n'étais pas le seul de notre colonie.... sans colons, qui fit preuve de mauvaise volonté ou de nonchalance : il y avait « des collègues » que les sentiments d'un patriotique devoir éloignaient aussi du travail, et tous ensemble, comme je l'ai dit, au dernier chapitre, nous formions « une minorité » qui finit par devenir « majorité ».

Une cause inévitable et un motif légitime contribuèrent à opérer cette fusion des deux groupes distincts :.... « le climat » d'abord et « le salaire promis et attendu », mais qui n'arrivait pas au gré de nos infatigables et ardents travailleurs.

Le Schéliff est un grand fleuve d'Afrique aux sinuosités variées et qui a plus de quinze cents lieues de cours. Situé au bord de ce fleuve, non loin de son embouchure et encadré par des hauteurs d'un coup d'œil agréable quoique n'étant pas tout à fait des montagnes, notre village se trouvait ainsi dans un bas fond d'un aspect assez triste.

Ce fut là que dans l'été de 1852 et avec une

atmosphère chauffée par « bourguignon » à 60, 65 et jusqu'à 70 degrés de chaleur, ce fut là, dis-je, qu'on nous exerçait à la gymnastique de la pioche, de la pelle et de la brouette.... y compris l'exercice à trainer « le camion »,.... et toujours pour faire plaisir au sire Badinguet.... Saluez s. v. p.

Dans de telles conditions climatériques on peut se faire une idée quelle devait être mon activité pour un rude labeur de huit à neuf heures par jour,.... moi qui ne connaissais pas encore le maniement de ces utiles et lourds instruments de travail, et alors surtout.... je le répète.... que n'ayant commis « aucune faute », je n'avais à subir « aucune punition ».

D'ailleurs, le repos que je prenais au chantier n'était pas continuel, mais intermittent, selon que j'étais plus ou moins fatigué ou surveillé. En outre, il y avait toujours la rude corvée du bois, puis celle de l'eau dont nous avions besoin et qu'il fallait aller puiser, non à des sources, qui manquaient partout,.... mais au Schéliff. Cette eau, toujours sale et trouble, chaude et parfois boueuse, était mise dans des barriques placées debout où elle se bonifiait au point d'avoir une limpidité parfaite et une fraicheur étonnante.

Après les chaleurs brulantes de la canicule, vers les mois de Septembre et Octobre, « nos vaillants piocheurs » comprirent que leur trop grande assiduité devenait fatigante. Leur première vigueur s'éteignait peu à peu et leur ardent amour du travail dont ils avaient donné tant de preuves, semblait diminuer et baisser avec la température.

Comme je l'ai dit plus haut, ce changement inévitable était dû aux influences atmosphériques d'abord, et puis à « un système de comptabilité malpropre » que je vais signaler et qui mettait le trouble dans les idées en même temps que l'inquiétude dans les esprits.

Chacun de nous était muni d'un livret de transporté ayant un numéro matricule et celui de l'escouade, avec un règlement spécial signé du maréchal Randon, alors gouverneur de l'Algérie. Avec notre prêt ou le sou de poche on inscrivait sur ces petits livres nos journées de travail, dont « le nombre » était toujours inexact et les inscriptions d'une irrégularité vraiment révoltante.

La tenue de ces livrets n'avait rien qui fut double, ni simple, ni clair : elle était faite au contraire en partie trouble et embrouillée.... et tellement embrouillée que « jamais » personne n'y a rien compris, excepté Debecker et son secrétaire Molinier (1).

Sur les 330 proscrits que nous étions il y avait 270 galériens et 60 plus ou moins invalides, jeunes ou non, qui étaient exempts de travail. Comme ces infirmes dépensaient sans rien produire, notre Debecker, en habile spéculateur, s'imagina d'utiliser ces hommes et de s'en servir comme s'ils avaient été ses propres domestiques en les envoyant garder « une soixantaine de bœufs qu'il avait achetés pour son compte. »

Ces gardiens d'un nouveau genre, qui ne connaissaient pas du tout la délimitation du territoire français et arabe, fesaient pacager ce bétail au premier endroit venu où il y avait de l'herbe. « Des chefs de tribus », lésés dans leurs droits de

(1) Le dit Molinier, jeune alors, était un ancien sergent de la ligne qu'on avait problablement signalé à son complice Debecker, comme pouvant lui être utile en qualité de coadjuteur. Ce type de vrai secrétaire bonapartiste avait quelque chose de si choquant dans toute sa personne, au physique et au moral, qu'il finit par révolter « la muse » d'un de mes amis, un proscrit parisien nommé Morio, qui s'en inspira pour faire une jolie pièce de vers qu'il me remit écrits de sa main, à titre de souvenir, et qu'on lira avec autant de plaisir que d'intérêt dans un des chapitres suivants. Elle a pour titre : *Satire dédiée à notre ami Pritchard.*

propriété, formulèrent des plaintes contre le dit sieur Debecker qui fut obligé de vendre son troupeau avant de pouvoir réaliser les bénéfices qu'il en espérait.

XXVIII

L'affaire de ces bœufs appartenant au capitaine Directeur fit naitre « la méfiance » contre cet homme, chez beaucoup de mes camarades et augmenta celle que d'autres avaient déjà. Les yeux des aveugles s'ouvrirent ainsi à la lumière, surtout lorsque après cinq à six mois de fatigues inouies, « personne » n'avait touché la solde d'une journée de travail, ainsi que le constatent encore nos livrets.

Les hommes simples et bénévoles ne pouvaient pas s'imaginer et croire qu'ils étaient exploités et volés par le dit Debecker, qui se montrait si aimable et assez tolérant : ils avaient toujours foi en « cette masse noire promise » et qui fut si habilement passée au bleu.... que jamais personne ne l'a vue ni touchée.

Quand les travaux de terrassement furent achevés on en inventa d'autres plus rudes et fatigants : toujours de plus fort en plus fort pour varier les exercices et ne pas nous en laisser perdre l'habitude.

Non loin du fossé de circonvallation qui entourait déjà le pont du Schéliff, on nous fit construire avec de la chaux éteinte et durcie, mélangée d'eau, de terre et de sable, un mur assez épais de huit à dix mètres de hauteur. Pour avoir ces divers matériaux rendus à pied d'œuvre, excepté la terre, on les transportait avec des camions trainés par plusieurs « forçats ».

La corvée que nous redoutions le plus était celle d'aller au Schéliff remplir « des tonnes d'eau », de les conduire au chantier par la force des reins et des jarrets, par des endroits impraticables au milieu des broussailles, ce qui nous obligeait à faire de longs détours pour franchir les rapides hauteurs situées à l'est et au nord du village.

Quoique n'étant pas tout à fait guéri mais passablement ravitaillé depuis ma sortie de « l'affreux souterrain de Blaye », je souffrais énormément de tous ces exercices corporels auxquels je n'étais pas habitué. Pendant deux longs mois et rudement éprouvé par la fatigue, « mon corps » resta plié en deux formant un angle droit de 90°. Par suite des grandes chaleurs aussi et du sable fin que le vent dispersait, j'avais tous les matins « les paupières » collées à tel point que je ne pouvais les détacher qu'en me servant des doigts.

A mes souffrances physiques venaient encore se joindre les souffrances morales et inévitables : inquiétudes et préoccupations de toute sorte. Il m'est arrivé trop souvent, après avoir écrit « à ma famille et à mes parents », de rester trois semaines et plus sans avoir aucune nouvelle (1).

Ce mauvais drole de Debecker lisait toutes nos lettres et quand il trouvait un mot fesant allusion à notre déplorable situation.... elles étaient interceptées et « pas une n'arrivait en France ».

Le parachèvement du mur d'enceinte s'effectua

(1) Je dois avouer ici que dans les conditions d'un exil pareil, les heures étaient des journées, les journées des semaines, les semaines des mois et les mois des années.

Pourtant, je crois que ma patience qui atteignait les dernières limites de la résignation, aurait dû abréger un peu la durée de ma captivité.... ou me faire trouver le temps moins long.

par un remblai autour de ce mur. Alors on distribua le travail « à la tâche » par groupes de deux hommes, chargés de piocher et de transporter deux mètres cubes de terre, avec faculté de rentrer à l'escouade après cette corvée.

Ce fut alors que « les hommes vaillants » qui n'attendaient plus leurs vingt sous, devinrent « paresseux » à leur tour et qu'ils auraient voulu passer une journée à faire un travail de quelques heures.

Ce fut alors aussi que « les paresseux » du premier moment.... dont je faisais partie.... se mirent au travail avec ardeur pour avoir plus tôt fini et se reposer ensuite : ils prirent ainsi leur revanche en obligeant les autres à faire comme eux et à continuer à suer sang et eau, pour ne pas en perdre l'habitude.... ce qui les rendait furieux.

J'allais vite moi aussi et de bon cœur, soit à la pioche ou à la brouette, et mon partenaire était obligé de me suivre sous peine de s'entendre appeler « fainéant »..., ce qui arrivait sans qu'il eut le droit de se plaindre et encore moins celui de se facher.

XXIX

Nous avions à cette époque une compagnie de turcos dont le capitaine, M. Piétri, eut besoin d'un calligraphe pour transcrire, en duplicata, un assez long « Mémoire sur la colonisation de l'Algérie », ouvrage dont il était l'auteur et qu'il destinait à l'impression.

N'ayant sans doute personne de capable dans son petit état major, il s'adressa au camarade Debecker en le chargeant de lui trouver quelqu'un parmi nous, qui eut une écriture convenable pour faire ces deux copies destinées à l'Empereur et au maréchal Randon.

D'après l'avis de Debecker, M. Piétri m'offrit ce travail que j'acceptai bien vite, mais à condition de ne plus faire celui de terrassier. Cette exemption m'ayant été accordée sans aucune difficulté, je me mis à l'œuvre sans retard, et « deux mois environ s'écoulèrent agréablement », car je préférais ce genre d'occupation aux exercices de la pioche, de la brouette et du camion.

En outre, j'étais libre de l'emploi de mon temps que personne ne controlait et dont je n'avais pas à rendre compte. D'ailleurs, M. Piétri n'étant pas du tout pressé, m'avait dit d'allonger « la courroie autant que possible »,.... et j'usai de la permission (1).

Quand j'eus fini mes deux copies je les envoyai à M. Piétri qui était revenu à Mostaganem avec sa compagnie. Quoique n'ayant plus de travail de bureau, je ne restai pas longtemps sans rien faire. Après avoir quitté le rond de cuir et une trop courte occupation sédentaire, il fallut se remettre à l'œuvre, se river à la chaine et reprendre mon joli métier de forçat et de galérien.

Cette nouvelle transition était plus supportable et bien moins dure que la première, en ce que j'étais habitué à la fatigue d'abord, et ensuite.... à titre d'encouragement.... parce que le capitaine Piétri m'avait annoncé mon retour en France pour l'année suivante.

Les ouvrages de terrassement et ceux du mur

(1) M: P. A. Piétri est ce même capitaine dont il est question au Chap. XIV, et qui m'avait dit que les 211 détenus au souterrain de Blaye devaient être fusillés.

d'enceinte furent terminés vers le commencement de l'année 1853. Dès ce moment notre prison était faite et notre bastille complètement achevée. Dès ce moment aussi, nous pouvions mourir tranquilles avec le consolant espoir que notre champ de travail était convenablement cloturé, et que s'il devenait « notre champ de repos », il serait au moins à l'abri de toute profanation de la part « des infidèles », sauf le cas d'une invasion nocturne qui n'était guère probable ni facile.

Après ces travaux divers, nos fatigues et nos ennuis ou mieux « nos souffrances », n'éprouvèrent aucune interruption. Toujours pour faire plaisir à Badinguet et ne pas nous laisser prendre la mauvaise habitude de chomer ou de faire grève, on nous envoya sur les routes à casser des cailloux.

Je me rappèle que le premier jour, on me donna un bloc de grès ayant la forme d'un melon et la grosseur d'une petite barrique. Je ne savais trop comment faire pour entamer un tel morceau que je n'avais pas encore vu.

A part le marteau à long manche pareil à celui de nos cantonniers, nous avions des masses en fer pour les pièces de résistance ou de grosse dimension. Ce fut avec l'un de ces lourds instruments que j'attaquai mon bloc, non par le milieu, bien entendu, mais par la moins forte de ses extrémités.

J'y allai dur et de bon cœur, car il me semblait que je tapais sur « le caillou du Malandrin » qui m'avait fait embaucher pour ce travail. Au soixantième coup et après une heure d'exercice où il fallut s'arrêter et reprendre haleine, je parvins à détacher une assez grande partie du dit bloc, qui ne fut entièrement brisé que le lendemain au soir et dont je possède encore un morceau.

Nous approchions du mois de Mars 1853 que j'attendais avec impatience, non parce que nos travaux touchaient à leur fin, mais parce que M. Piétri m'avait assuré que mon départ aurait lieu vers cette époque, ce qui arriva aussi, comme pour beaucoup de mes compagnons.

Avant de quitter la terre d'exil pour rentrer au sein de ma famille et de raconter « mon voyage », plein de tristes souvenirs, je ne saurais oublier certains épisodes vieux de trente ans déjà, mais qui ont besoin d'être signalés parce qu'ils se rattachent à l'histoire de « notre proscription » restée inconnue jusqu'ici.

XXX

J'ai dit au chap. XXIII que le colonel Espinasse avait carrément déclaré que ceux qui refuseraient le travail crèveraient dans les forts. Sur les 330 que nous étions il y en eut quelques uns qui ne s'effrayèrent pas de cette brutale menace, et si je n'avais pas eu « ma santé délabrée et ma famille qui attendait mon retour », j'aurais aussi tenté l'épreuve au risque de m'en sortir ou de succomber.

Ceux qui montrèrent assez d'énergie pour résister étaient des jeunes gens dont la bonne volonté ne laissait aucun doute, mais dans ce nombre, assez restreint d'ailleurs, comme je viens de le dire, il n'y en eut que « trois » qui eurent le courage de persister dans leur résolution. Les autres, qui trouvèrent cette nouvelle condition trop inquiétante et même périlleuse, rentrèrent bien vite au bercail et travaillèrent avec nous.

Dans son ouvrage du *Coup d'Etat en Province*, M. Benjamin Gastineau parle de ces trois insoumis ou réfractaires, dont j'ai à parler aussi, mais avec quelques détails inédits, parce qu'ils étaient avec moi au Pont-du-Schéliff et que je connais leur histoire de proscrits.

1° François VIGNERON, du Mas-d'Agenais, département de Lot et Garonne, alors agé de 18 ans, lequel est actuellement à Bordeaux et que je suis heureux d'avoir pour ami. C'est un cœur noble et honnète autant qu'incorruptible, comme doivent l'étre tous les bons républicains ; un travailleur intelligent et laborieux, et un père dévoué qui a connu tous les sacrifices pour élever une famille de « quatre enfants ».

2° Siméon SEREY, de Marmande et du même département. J'ai très peu connu ce proscrit à la parole insinuante et facile, quoique ouvrier aussi, car il n'appartenait pas à mon escouade comme Vigneron. Serey a quitté la France et habite aujourdhui Santa-Ernestina-de-Cunapiza, ville de l'Amérique du sud dans la République de l'Uruguay.

3° Le troisième, dont j'ai oublié le prénom, s'appelait MORIO. D'une constitution faible et maladive quoique d'une taille au dessus de la moyenne, ce jeune homme avait un air distingué, l'élocution élégante et une instruction soignée comme on le verra bientot. C'était un parisien qui avait été, disait-il, secrétaire de Ledru-Rollin. Je croyais cela jusqu'à un certain point sans avoir controlé le fait; mais j'affirme que c'était « un inflexible républicain », qui préféra, plutot que de se soumettre, aller mourir à Cayenne où il fut déporté au moment où je quittai l'Algérie.

Ces trois jeunes gens que nous ne croyions plus revoir, furent pris au Pont-du-Schéliff et conduits au fort de l'Est à Mostaganem. Bien entendu qu'ils avaient toujours sur l'estomac, comme on dit vulgairement, l'indigeste promesse du colonel Espinasse et qu'ils s'attendaient à mourir de faim ou empoisonnés, dans les profondeurs de quelque obscur et horrible souterrain.

Huit ou dix jours après leur départ, Morio fut ramené au camp et nous raconta que cette faveur lui avait été accordée par le Commandant du fort, auquel il avait témoigné l'intention de revenir au Schéliff pour travailler avec nous; mais au lieu de se rendre au chantier, il ne bougea pas de son escouade.

Le directeur Debecker l'ayant fait appeler afin de savoir pourquoi il n'était pas au travail, Morio lui répondit qu'il maintenait son refus et que plutot que de rouler la brouette et de piocher, il aimait mieux revenir à Mostaganem. Le surlendemain, en effet, il quittait le village accompagné de cinq turcos et d'un caporal pour aller rejoindre les camarades Serey et Vigneron.

Homme d'étude avant tout et non travailleur de terre, Morio passait son temps à écrire et ne voulait occuper ses loisirs qu'à ce genre d'exercice. Mettant à profit l'autorisation qu'il avait obtenue, il parvint ainsi, en réitérant ses demandes, à faire trois ou quatre promenades du Pont-du-Schéliff à Mostaganem et de Mostaganem au Pont-du-Schéliff. Ces pérégrinations sur la même ligne eurent enfin un terme, et la dernière fois que je le vis il me remit une pièce de vers annoncée déjà au chap. XXVII, et qui forme un des chapitres suivants.

XXXI

Les trois jeunes prisonniers au fort de Mostaganem, Vigneron, Serey et Morio, fatigués d'une détention qui durait depuis six ou sept mois environ, résolurent de s'évader pour y mettre un terme. La chose n'était pas facile, car ils étaient pour ainsi dire gardés à vue et ils n'avaient aucun outil propre à favoriser leur entreprise.

Le seul et unique moyen qui fut à leur portée ou dont ils pouvaient disposer, c'était de fuir par une lucarne située à une certaine hauteur contre le mur extérieur de la cellule qu'ils occupaient, et dont l'ouverture était juste assez grande pour y passer la tête.

Après avoir combiné leur affaire, ou tiré leur plan, tracé l'itinéraire à suivre vers les frontières du Maroc, calculé enfin toutes les chances d'un succès fort incertain, les trois détenus avaient en outre à étudier l'indispensable question de savoir par quels moyens ils pourraient atteindre la sus dite lucarne. Avec leur imagination aussi ardente que féconde, ils parvinrent à résoudre toutes les difficultés que présentait une si extraordinaire évasion,.... et alors ils fixèrent le jour où elle devait avoir lieu.

Il fut convenu que le jeudi 7 janvier 1853, on se mettrait à l'œuvre pour établir des échafaudages avec le simple matériel qui se trouvait dans la cellule. On consacra ainsi une partie de la journée à ces travaux préparatoires et quand cette laborieuse installation fut achevée, nos trois courageux et hardis ouvriers attendirent le moment favorable, deux heures de la nuit, pour respirer le grand air de la liberté.

Après des efforts inouis pour se dégager de l'étroite ouverture de la lucarne, ils eurent ensuite à franchir l'espace ou la hauteur qui les séparait du sol. Ce dernier exercice, qui constituait le grand embarras final, eut lieu, comme l'autre, pendant la nuit et n'exigeait pas un travail difficile,.... mais du sangfroid et de grandes précautions, car il était le plus dangereux et le plus à craindre.

Enfin, tous les obstacles furent vaincus et tous les périls évités avec un tel bonheur, que nos pauvres détenus étaient libres, mais ils avaient à fuir ou à s'éloigner au plus vite, car ils couraient le risque d'être pris et de revenir en prison.

Ils se hatèrent autant qu'ils purent, quoique fatigués et même étourdis, d'échapper aux poursuites qui furent dirigées contre eux après l'ouverture de la chambre qu'ils avaient abandonnée. Au lieu de suivre la grande route qui longe le bord de la mer, ils suivirent au contraire la hauteur sur laquelle est situé le fort de l'Est et se dirigèrent du coté de Mazagram.

Cette évasion paraissait d'autant plus étonnante que dans la cellule on ne put découvrir aucune trace d'effraction. Ce qui augmentait encore la surprise, c'est que l'exiguité de la lucarne n'avait pu favoriser une sortie aussi extraordinaire: c'était l'opinion du Commandant du fort et d'autres officiers.

« Le concierge », qui se voyait déjà compromis, n'admettait pas cette hypothèse et son avis contraire prouva qu'il avait raison,.... mais après avoir été soumis à une bien rude épreuve qui faillit lui couter la vie.

— Puisque tu affirmes ne pas avoir été le complice de « ces trois évadés », qui, selon toi, ont dû franchir la lucarne, je t'ordonne de faire la même opération, dit le Commandant au concierge, et de sortir d'ici par le même trou.

Après qu'on eut disposé le matériel nécessaire

qui avait déjà servi aux fugitifs, le malheureux concierge tenta l'épreuve qui lui était imposée : manière bète et brutale de constater l'innocence ou la culpabilité d'un homme.

Afin de rendre cette entreprise moins périlleuse et de mieux réussir, le concierge eut l'avisement de passer les jambes d'abord pour éviter une chute en sens inverse qui l'aurait infailliblement tué sur place. Ce premier exercice réussit fort bien, mais lorsqu'il voulut faire glisser le reste du corps dont les dimensions étaient hors mesure, le pauvre homme se trouva suspendu par le milieu du corps sans pouvoir se dégager. Après de grands efforts, le reste de son buste, des épaules et à la tête, était couvert d'ecchymoses et autres blessures. Ce fut dans un état pareil qu'il tomba enfin sur le sol d'une hauteur de plus de dix mètres.

XXXII

Pendant que le dit concierge exécutait ce tour forcé de gymnastique non inscrit dans le programme de ses attributions, « nos trois jeunes gens » arpentaient le terrain à grande vitesse. Des hauteurs de Mazagram ils descendirent au bord de la mer; passèrent à la Stydia, village de colons prussiens, traversèrent le pont sur la petite rivière la Macta et suivirent leur itinéraire par le nouvel Arzew, Oran et Mers-el-Kébir.

Marchant la nuit plus souvent que le jour, afin d'éviter les poursuites et les dangers d'une active surveillance organisée même dans les tribus arabes, ils arrivèrent ainsi près de Tlemcen et à quelques journées de marche des frontières du Maroc.

Là, et pour arriver plus vite, Morio eut l'idée de changer l'itinéraire primitif qui consistait à ne pas s'éloigner de la mer, et proposa de traverser la plaine des Andalouses du coté de Miselghïm.

Quoique n'étant pas de cet avis, Serey et Vigneron adoptèrent ce changement de route, mais avec une certaine méfiance qui leur inspirait des craintes qu'un facheux accident ne tarda pas à réaliser. Nos voyageurs qui se trouvaient déjà loin dans cette vaste plaine des Andalouses, comprirent, mais trop tard, qu'ils étaient tombés dans la gueule du loup, c'est à dire dans un endroit habité où ils couraient le risque d'être arrétés sans aucun espoir de salut.

Le garde champêtre français de Miselghïm les ayant aperçus, les reconnut bien vite au signalement fourni par l'autorité militaire. Pour être agréable à son maitre Badinguet, le dit garde, vrai culot de la nombreuse nichée des fonctionnaires de l'Empire, alla requérir main forte contre les trois évadés dont « les Arabes s'emparèrent et qu'ils conduisirent, sous la direction du même garde, au fort St-Grégoire à Oran.

Quelques jours plus tard, les prisonniers revinrent sous bonne escorte à Mostaganem où ils furent réintégrés au fort de l'Est. Après un mois et demi d'absence environ, pendant lequel ils avaient couché à la belle étoile, en butte aux intempéries d'un climat dangereux, aux fatigues, aux privations et aux souffrances de toutes sortes, ils arrivèrent ainsi dans un état complet de misère et d'abattement qui inspira le dégout et l'horreur,... non la pitié,... aux sauvages et barbares complices du 2 Décembre.

Nos trois infortunés camarades n'oubliaient pas la déclaration verbale du colonel Espinasse : « Ceux qui refuseront le travail crèveront dans les forts d'Afrique ». Dégagé de toute équivoque, un aussi brutal avertissement devait être l'expression d'une mesure générale, applicable aux nombreuses colonies pénitentiaires formées en Algérie, avec les divers contingents de Proscrits arrachés à leurs familles, pour aller souffrir et mourir sur la terre d'exil.

En quittant le Pont-du-Schéliff pour être conduits au fort de l'Est, et quoique bien fixés sur le sort qui les attendait, Vigneron, Serey et Morio avaient une sérieuse préoccupation : ils ignoraient par quel moyen on les ferait mourir.

Ils ne restèrent pas longtemps dans l'incertitude, car le même jour, et à leur arrivée, on les introduisit au fond d'un cachot obscur ou noir souterrain, appelé « cellule ténébreuse » dans le vocabulaire des prisons.

Là, on leur mit les fers aux pieds et pour toute nourriture, chacun d'eux recevait « trois quarts » de livre ou 375 grammes de pain toutes les 24 heures. A ce traitement inquisitorial autant que barbare, on ajouta un supplément de torture par la privation de tabac à fumer, y compris l'interdiction de correspondre avec qui que ce soit. Je me rappèle, moi aussi, avoir gratté « la croute de mon pain et les murs du souterrain de Blaye ».. pour priser.

Nos malheureux compagnons résistèrent « sept mois » à un pareil régime, non sans étre malades et aux trois quarts anéantis. Ce fut alors que leurs infames bourreaux, pour les tuer plus vite, ordonnèrent de leur oter les fers, de les sortir du tombeau où ils étaient et de les mettre dans une cellule moins obscure et ténébreuse.

Plus libres, ne voulant pas mourir empoisonnés ou captifs, — « l'infirmier-major avair dit à Vigneron de ne rien prendre de ce qu'on lui donnerait » — plus libres alors, dis-je, nos prisonniers combinèrent et accomplirent leur étonnante évasion comme je l'ai dit.

Une telle résolution leur sauva la vie, car à leur retour au fort de l'Est, Vigneron et Serey apprirent qu'ils étaient graciés avec d'autres camarades du Pont-du-Schéliff. Morio, qui resta prisonnier, fut déporté à Cayenne où il est mort.

XXXIII

Voici maintenant la pièce de vers que Morio composa sur Molinier — secrétaire et mouchard du capitaine Debecker — et dont il me remit une copie autographe que j'ai encore, lors de son dernier voyage de Mostaganem au Pont-du-Schéliff.

SATIRE

DÉDIÉE A NOTRE AMI PRITCHARD

Quel est donc ce monsieur à grotesque figure,
Qui du matin au soir, de sa pesante allure,
Arpente à pas comptés la place du Chéliff ?....
A son front sourcilleux, son air sombre et pensif,
On dirait que du mal, vulgaire et bas ministre,
Il roule en son esprit quelque projet sinistre.
Ce magot mal tourné, que des haillons hideux,
S'efforcent de couvrir de « vingt » morceaux crasseux,
Dont le chef, mais en vain, voudrait bien disparaitre,
Sous un képi, trois fois moins sale que son maitre,

Et qui, d'un pantalon qu'on n'a jamais lavé,
Le jour en cent endroits balaie le pavé.
N'est-il pas ce flaneur dont la gueule affamée
Jouit à la cantine de haute renommée,
Et dont la lourde masse, ébauchée au hasard,
Représente le corps d'un stupide mouchard ?
Demandait un curieux, en voyant sur la place,
Le buste dégrossi, d'un disciple d'Ignace.
Comment! dit aussitot son interlocuteur,
Mais qui, de ces propos est donc l'infame auteur!
Et va répandre ainsi ces laches médisances,
Sur l'homme dont chacun vante les complaisances,
Qu'on cite pour modèle en fait de probité,
D'honneur, de bonne foi et de civilité.
C'est une indignité! Lorsque dans le village,
Il y a des Proscrits victimes d'espionnage,
Qu'on aille par le fait d'un affreux jugement,
L'accuser tout d'abord aussi gratuitement,
  Quel esprit de travers que charme la satire,
Poussant jusqu'à l'excès la fureur de médire,
Peut d'un homme de bien surpassant Montyon,
En faire impunément « un misérable espion ! »...,
Je ne puis supporter de voir la calomnie, .
Trainer par les cheveux jusqu'à l'ignominie,
Un citoyen que Sparte, au temps de ses rois pieux,
Aurait pour ses vertus, mis au nombre des Dieux.

Que sur son corps rampant, la nature bizarre,
Ait esquissé d'un trait la buse la plus rare,
Qu'il soit plus dégoutant, plus sale et plus crasseux.
Qu'un écureur puant assisté d'un loupeux,
Que malgré son mérite et l'âme la plus noble,
Il soit dans son objet, repoussant et ignoble;
Je veux en convenir puisque la Vérité,
L'accompagne en tous lieux de son autorité;
Mais qu'on le travestisse en lache sycophante!
C'est une atrocité, car sans que je le vante,
J'en connais jusqu'à trois, qui, sans calomnier,
Peuvent parler tout bas de Pritchard-Molinier.
Il est vrai qu'un plaisant, que Dieu dans sa colère,
Tira du noir chaos pour dénigrer la terre,
Et qui, dans ses discours, semblable à l'Arétin,
Distille en médisant, son âcre et noir venin,
Prétend qu'au chateau d'If, certain petit service,
Qu'il rendait quelquefois à la dame Police,
Soudain se découvrant, faillit brutalement,
Par dessus les remparts dans l'humide élément,
L'envoyer à grands frais à la cour de Neptune,
Espionner les dauphins jaloux de sa fortune,
Qui avec les tritons conspiraient de concert,
Pour régner à sa place et commander aux mers.
Ce projet applaudi par la foule animée,
S'envola, grâce à Dieu, en épaisse fumée,

Et l'heureux Molinier, dont l'esprit en émoi,
Le rendait fou de peur et livide d'effroi,
D'un œil épouvanté, voyant la mer soumise,
Attendre du château la victime promise,
Fut tellement frappé qu'il rêve chaque nuit,
Qu'un requin le dévore ou qu'il choit dans un puits.
Cette histoire cent fois et bien d'autres pareilles,
M'écorchent trop souvent le tympan des oreilles,
Mais comme saint François, je sais en bon chrétien,
Du mal qu'on dit d'autrui ne croire que du bien.
Il est beaucoup de gens de qui la jalousie,
Ne peut voir sans ombrage, et partant sans envie,
La Fortune aujourd'hui promener sur son char,
L'homme au képi graisseux qu'ils appellent Pritchard.
D'un bonheur insolent dans sa timide audace,
Il a su, disent-ils, Tartufe à double face,
Par les discrets calculs d'un vif adulateur,
S'insinuer auprès de notre Directeur,
Qui l'a, de prime abord, sans aucun artifice,
Nommé tacitement son agent de police.
D'un zèle intempestif affichant la laideur,
Vous le voyez, dit l'un, sans honte ni pudeur,
De la délation, infame mercenaire,
Vendre aux antres des lois « un frère » débonnaire,
Et montrant sa bassesse et sa servilité,
Escorter sa victime en sicaire effronté.

Est-il vrai, reprend l'autre, on dit que ce Protée,
Doit bientôt vers la France, en lui bien mal dotée,
S'en aller par faveur cacher ces vils exploits?
Comment! vous voulez que.... allons donc, trois emplois!
Et puis! voudriez-vous, que de ville en bourgade,
Il allat tous les jours demander la passade ;
Ou bien chaque matin, au coin d'un boulevard,
Riche d'une sellette, ainsi qu'un savoyard,
Attendre qu'un soulier, qu'une botte officieuse,
Lui fasse décrotter son empeigne boueuse,
Et la nuit, dans les rues, la hotte sur le dos,
Ramasser en courant les chiffons et les os?
Il préfère, par dieu! plutot que de ce faire,
Etre au Chéliff, mouchard, gendarme et commissaire!
Voilà comme au village, on entend en tous lieux,
Sans cesse contre lui, crier les envieux;
Mais plus froid aux propos que le grand Archimède,
Et à ces traits piquants cherchant un prompt remède,
Il marche sans broncher, sans trouble ni transport,
Le cœur chargé de haine et les mains de rapports,
Vers le gourbi du maitre où gravement il hurle,
Comme un consul romain sur sa chaise curule.

Ainsi qu'on voit la guêpe au milieu de l'été.
Poursuivre dans les champs de son dard redouté,
L'imprudent promeneur qui a troublé son gite,
Ainsi l'on voit Pritchard, de l'antre qu'il habite,

Poursuivre avec L'Hédet (1), qui cherche à l'exciter,
Le vice au cœur d'airain qui boit sans l'inviter,
Enfin quoique Silène affirme sans vergogne,
Qu'il est de ses États le plus hideux ivrogne,
Et que souventes fois sortant du cabaret,
Croyant saisir l'opprobre il se prit au collet.
Pour mon compte, charmé des importants services
Qu'il rend à la vertu en pourchassant les vices,
Aux génies infernaux vouant tous les brocards,
Je me fais le champion, même de ses écarts,
Et me souciant peu d'une langueur traitresse,
Qui d'honorables noms interpose l'adresse,
En dépit du français, je nomme Intégrité.
Ce qu'un sot dictionnaire appelle Iniquité.
  Au temps où « la fortune », en déesse lubrique,
Erigeait ses autels sur la place publique,
Où « l'heureuse vertu », belle en sa nudité,
Siégeait au cœur de l'homme en toute pureté,
Où « l'honneur » au front pur ouvrant son capitole,
Au milieu des humains tenait encore école,

(1) L'Hédet était un lourd breton qui fut embarqué à Blaye et qui vint au Pont-du-Schéliff. Grand ami de Molinier avec lequel il fréquentait toutes les cantines, il n'avait aucune bonne réputation que celle de bien culotter les pipes. On lui achetait du tabac qui coutait alors quinze sous la livre et il fumait continuellement.

Au temps où « l'homme », enfin, ignorant et brutal,
« Au bien » qu'il pratiquait sacrifiait « le mal »,
On voyait « le mouchard », à la face flétrie,
Délaissé, sans amis, sans parents ni patrie,
Inspirant à chacun le mépris et l'affront,
Errer par les chemins l'opprobre sur le front.
Heureux, si pour cacher sa honte et sa misère,
Il pouvait, retiré dans un coin de la terre,
Echappant aux regards des hommes indignés,
Exhaler vers le ciel ses soupirs dédaignés
Il n'était pas forcé par horreur de lui-même,
De s'arracher des jours flétris par l'anathême.
Mais aujourd'hui qu'on a au flambeau du progrès,
Des charmes corrupteurs découvert les secrets,
Qu'au lieu de cet honneur toujours rude et farouche,
La tendre « Fausseté » nous charme par sa bouche,
Et que grâce à « l'Erreur », l'insipide « Raison »,
Ne bat plus que d'une aile au fond de sa prison,
Dans ce siècle éclairé, où « la triste Concorde »,
Voit bruler son encens au pied de « la Discorde »,
Où « le Crime honoré » s'affichant à grand bruit,
Poursuit avec fureur « la Vertu » qui s'enfuit,
Où « l'aimable Bassesse », en son âme vénale,
Traite « la Probité » de « stupide Morale »,
Aujourd'hui, en un mot, où « l'homme » par le corps,
S'il est « noir au dedans » se fait « blanc au dehors »,

Le Mouchard déifié, tous les jours dans son temple,
Voit « le timide honneur », qui, tremblant le contemple.
Comme un bienfait du ciel sur la terre étendu,
On le voit maintenant en tous lieux répandu;
On le nomme aux emplois, on s'en sert chez les Princes;
On ne voit que Mouchards infester les Provinces;
On le fête, on le loue, on cherche son appui,
Et l'on est honoré d'être vendu par lui.
Si dans ce beau sentier bordé de sycophantes
« Le Progrès » continue sa marche triomphante,
Que « l'altière Vertu » que l'on nomme « Impudeur »,
Sans masque dans les rues, n'inspire plus d'horreur,
Bientôt nous la verrons dans une académie,
Trônant sur le velours au pied de « l'Infamie »,
Décernant sa science en docte précepteur,
Donner à Molinier le bonnet de docteur;
Et rayant sans pitié les noms patibulaires,
Qui souillent les feuillets de nos vocabulaires,
Au lieu de « Flétrissure », on lira « Dignité »,
Et le nom du « Mouchard » s'écrira « Loyauté ».

XXXIV

Les détails épisodiques inscrits avant la Satire en vers, quoique très incomplets et qui appartiènent désormais à l'histoire, prouvent de quelle manière ont agi « les hommes » du second Empire envers « leurs compatriotes », défenseurs du Droit et de la Liberté, contre le criminel et farouche Vainqueur du 2 Décembre 1851.

Les tortures et les misères dont furent victimes nos trois compagnons d'exil, Vigneron, Serey et Morio, ne restèrent pas des faits isolés, mais des mesures générales appliquées à d'autres malheureux; qui, comme ces derniers, avaient pris la résolution de refuser un travail imposé contrairement aux lois, mais par la seule volonté d'un Pouvoir arbitraire parce qu'il était absolu.

Qui pourra dire jamais le nombre des Morts sacrifiés à la fatale ambition du Bonaparte de Décembre ou à l'établissement et au maintien du second Empire ! !

Que de familles ruinées et perdues ! ! Et Nous, les survivants de Tous ces glorieux Martyrs de la

Liberté, pourrions-nous dire aussi les humiliations et toutes les misères qui nous ont assaillis après notre retour d'exil, déduction faite du profond dédain qu'inspire encore à « certains individus » notre condition d'anciens Proscrits.

Avant de raconter mon départ du Pont-du-Schéliff et mon retour en France dont les détails sont assez curieux, comme on le verra, j'ai à fournir quelques renseignements inédits sur le capitaine Debecker, comme directeur ou administrateur de notre colonie pénitentiaire. On pourra juger ainsi de la valeur morale ou de la probité de ce type bonapartiste, qui ressemblait de loin à un parfait honnête homme.

On connait déjà l'histoire des 60 bœufs dont il est question au chap. XXVII et qui étaient nourris sur les propriétés arabes. A part ce moyen facile, mais peu délicat de réaliser des bénéfices à bon marché, Debecker en avait un autre moins chanceux, aussi simple, fort habile et autrement lucratif que celui de trafiquer sur les bêtes à cornes.

Ce moyen n'était autre qu'un système financier ou de spéculation malpropre dont tout le mécanisme consistait à garder « le salaire » qui revenait à chaque travailleur. Or, comme je l'ai dit au même chap. XXVII, nous étions 270 proscrits occupés aux fortifications du village et le prix de la journée était fixé à « un franc » par homme. Au lieu de nous payer cette rétribution qui était due et péniblement gagnée, Debecker avait soin de l'encaisser à son profit.

D'après le résultat de mes calculs, j'évalue à «cinquante mille francs environ (50,000 francs) », le produit des bénéfices réalisés ou plutot des vols commis par notre Capitaine directeur. Je ne compte pas ici, bien entendu, le produit des arrangements que Debecker n'avait sans doute pas manqué de prendre avec les fournisseurs de notre colonie, c'est à dire avec «le boulanger» dont le pain était immangeable, avec « le boucher, le marchand de vin et d'autres exploiteurs industriels » qui étaient venus s'installer au Pont-du-Schéliff en même temps que nous.

Notre condition de Proscrits nous interdisait la moindre protestation : il fallait subir le fait accompli et ronger son frein jusqu'au bout. Seulement, l'indignation était générale et beaucoup d'entre nous résolurent de formuler une plainte collective après notre retour d'exil, sur les malversations « d'un légionnaire de l'armée active », qui s'arrogeait le droit de s'approprier les fonds disponibles qui nous étaient réservés et qui devaient nous appartenir.

On n'eut pas besoin de recourir à un tel moyen, car un évènement imprévu que je vais raconter, nous vengea de toutes les injustices commises à notre égard.

Lors de mon départ d'Afrique, il restait encore à peu près 200 camarades au Pont-du-Schéliff, qui furent conduits à Sidi-Brahïm pour exécuter des travaux sous la direction du génie. Là, et pour augmenter plus vite l'appoint de sa caisse, le capitaine Debecker, contrairement à l'usage établi, voulut obliger « son personnel à travailler le dimanche », mais tout le monde refusa d'obéir à une exigence pareille, qui était le comble de l'absolutisme.

XXXV

Avertie de cet acte d'insubordination, « l'Autorité militaire » ouvrit une enquête dans laquelle tous les Proscrits, d'un commun accord, déposèrent contre leur Capitaine, et pour justifier leurs plaintes ils remirent leurs livrets de transportés. Ces livrets, sur lesquels nos journées de travail étaient faussement inscrites, furent autant de témoignages irrécusables contre le sieur Debecker, qui fut traduit devant un Conseil de guerre et condamné à « dix ans » de travaux forcés.

On m'a dit et affirmé que cet habile concussionnaire s'était pendu à Toulon au moment d'être embarqué pour Cayenne. Combien d'autres comme lui et pour le même motif, auraient dû nettoyer aussi « le dessus de la terre pour aller salir le dedans » !

Quoi qu'il en soit, il est probable que cette condamnation, bien méritée d'ailleurs, n'avait pas été rendue parce que Debecker avait empoché le salaire des Proscrits, mais parce qu'il avait en même temps volé le Trésor.

S'il n'y avait pas eu de répression, le délit étant déjà connu et notoire, l'impunité aurait accru la mauvaise réputation « d'un gouvernement » si peu économe de l'argent des contribuables.

Je laisse de coté une foule de détails inutiles qui se rattachent « au régime du sabre » dont nous avions à subir les infames rigueurs. Là bas, dans l'exil, je l'ai dit, nous étions soumis au règlement des condamnés ou « disciplinés militaires. »

Comme eux, nous devions avoir la tête constamment rasée, ce qui nous effraya d'abord, car, dans ce climat en feu auquel nous étions exposés « du matin au soir », l'uniformité de cette opération attaquait la vue à tel point, qu'on devenait aveugle. Je ne sais pour quel motif on nous exempta de ce complément de torture et d'infamie.

Si nous étions restés quelques mois de plus dans ce bas fond incandescent du Schéliff, j'aurais fini par y laissser la basane avec mes compagnons de chaine, car notre affligeante situation allait toujours en empirant.

Nos cœurs battaient à l'unisson d'une vive impatience, et chacun de nous avait l'espoir de quitter bientot la terre d'exil pour revenir au sein de la famille. Cet espoir consolateur était fondé sur le départ d'un certain nombre de camarades, qui avaient déjà eu le bonheur de rentrer en France.

En outre, nos travaux étant quasi terminés, nous pensions que leur achèvement serait le terme de nos fatigues, de nos misères et de notre captivité. Cet avantgout d'une prochaine libération n'était pas illusoire, et justifia au contraire nos longues espérances déjà établies sur ce raisonnement : « lorsqu'il n'y aura plus rien à faire ici, nous aurons probablement notre congé définitif. »

Le 1er Mars 1853, la sonnerie du clairon nous réunit sur la place au moment où tout le monde était au travail sur des points différents. Suivi de son petit état-major, y compris l'indispensable Molinier, le capitaine Debecker nous informa qu'il avait une poignée de « graces à nous distribuer ».

Comme c'est édifiant ! Quelle horreur en effet et quelle humiliante dérision !... « des innocents qui sont condamnés par les coupables » et des bourreaux qui font grace « à leurs victimes » ! Quels généreux et honnêtes citoyens la France nourrissait à cette époque !!...

Après nous avoir témoigné le plaisir ou la satisfaction hypocrite que lui donnait cet acte de clémence, d'un Gouvernement établi par l'assassinat et sanctionné par le crime, Debecker nous apprit que ces graces y comprit la mienne, étaient au nombre de « quatre vingt dix neuf ».

Il nous dit ensuite de hater nos préparatifs de départ, de manière à nous mettre en route le lendemain de bonne heure. Ne pouvant désirer rien de plus ni de mieux, chacun obéit donc à la consigne sans murmurer et sans une minute de retard.

MON
RETOUR D'EXIL

I

Quoique revêtu ce jour là des hautes et utiles fonctions de cuisinier, j'obéis à l'ordre du Capitaine sans m'inquiéter s'il fallait ou non tremper la soupe. D'ailleurs, on n'avait pas besoin de manger, car personne n'avait faim à ce moment là : ni ceux qui devaient partir et encore moins ceux qui restaient. En coupant tous les appétits, cette bonne et heureuse nouvelle avait suffisamment garni, ou plutot fermé tous les estomacs, même les plus solides et les plus robustes.

Pendant que nous étions en train de vider nos paillasses, d'organiser notre literie et de faire nos malles, Debecker s'occupait de nos passeports et du règlement de nos livrets.

A propos de ce règlement et pour justifier les malpropres opérations financières que j'ai précédemment signalées, voici un extrait textuel de « mon livret », par lequel on verra de quelle manière agissaient les souteneurs ou agents du second Empire, envers les malheureux Proscrits du 2 Décembre.

9 journées de travail	»	»
5 » »	2	27
9 » »	2	49
1 jour »	0	27
Jours »	5	»
1 mois »	3	18
Du 1er au 31 Janvier 1853	»	»
Du 31 Janvier au 1er Mars	4	33
TOTAL pour 10 mois de travail ...	17f	54

Voilà mon bénéfice ou mon gain pour trois cents journées environ fournies à l'État. Mes compagnons de chaine furent rétribués dans les mêmes proportions et les plus ardents au travail comme les autres. Ce qu'il y a de curieux, mais pas étonnant du tout, c'est qu'à mon départ, j'étais redevable au gouvernement de Badinguet d'une somme de 10 francs 48 pour quelques mauvais effets d'habillement que j'avais reçus et entre autres, un mauvais pantalon rouge estimé 44 centimes.

Dès le début, comme je l'ai dit, personne ne comprenait rien à ce genre de comptabilité; mais à la fin tout le monde se trouva pleinement édifié, même ceux qui avaient nourri les plus belles espérances.

Après avoir trafiqué sur le prix de nos journées, Debecker s'imagina de nous exploiter et de nous voler jusqu'à la fin, en mettant une taxe, qu'il fallut payer, « sur les taches », pas mal nombreuses, qui maculaient nos couvertures et nos sacs de campement. Ma cote personnelle fut portée à « deux francs », et ne figure pas sur mon livret,... bien entendu.

Vers deux ou trois heures de l'après-midi, le capitaine directeur avait terminé l'inspection de notre literie, nos malles étaient en ordre et nos paquets ficelés. Je repris alors mes fonctions culinaires avec ardeur et à cinq heures du soir, chacun plantait sa cuiller en bois dans la gamelle où j'avais trempé la soupe.

Levés depuis quatre heures du matin, comme à l'habitude, et n'ayant rien pris qu'un peu de café noir légèrement sucré, chaque estomac avait un brin d'appétit qu'il fallut contenter.

Après le diner comme avant, « toutes les idées » étaient en désordre et en l'air : personne ne sentait le besoin de dormir. En outre, le temps était sombre et mauvais; la pluie tombait assez abondante et nous obligeait à ne pas sortir. Dans mon escouade, on alluma un feu monstre avec des souches résineuses de « thuya ou touya », et qui était fort supportable avec une température froide et humide. Nous passames ainsi tout une nuit blanche, assis et couchés sur le contenu peu moelleux de nos paillasses.

Le lendemain matin de bonne heure, nous étions sur la place où se trouvait déjà Debecker qui fit un appel nominal. On constata un seul absent « gracié », qui était Vigneron, alors prisonnier au fort de l'Est à Mostaganem. Quand il n'y eut plus aucune formalité à remplir et au commandement du Capitaine, notre colonne se mit en route pour le nouvel Arzew.

II

Lorsque ma grace arriva, une exemption de trois journées de travail m'avait été accordée pour un furoncle que j'avais au pied droit et dont je n'étais pas encore guéri. Je marchai tout de même, un pied nu et l'autre chaussé, dans l'eau et dans la boue et avec une pluie battante sur le dos. Après avoir franchi quelques hauteurs qui dominent le Schéliff du coté d'Aïn-Boudinar et de Tounïn, il me fut impossible de continuer ma route. Je montai alors sur un cacolet.

Au bout de six heures de marche environ et trempé comme une soupe, notre détachement fit halte à Mostaganem. Comme j'ai promis de l'expliquer au chapitre XXIV, ce fut là, et dans un bureau de tabac, que le capitaine Debecker me dit : « Je viens de chez M. Piétri qui m'a donné vingt francs pour vous remettre; voilà dix francs et je garde le reste. »

Après mon refus catégoriquement motivé, Debecker mit « les dix francs » sur le comptoir et s'en alla. Je fus donc contraint d'accepter le résultat de cette soustraction et d'encaisser la somme qui formait tout mon avoir.

Au moment de quitter Mostaganem pour continuer notre marche sur Arzew (Arzeu), il se produisit le fait suivant qui mérite d'être connu. Monté sur son cheval de bataille, Debecker se mit en train de nous faire ses adieux avant de retourner au Pont-du-Schéliff. La cérémonie terminée, quelques uns d'entre nous dirent au Capitaine que notre camarade Vigneron manquait à l'appel, et que « nous ne partirions que lorsqu'il serait mis en liberté ».

Surpris de notre déclaration accentuée avec énergie, Debecker s'excusa en disant que c'était un oubli de sa part et qu'il allait le réparer. Il partit à l'instant même pour aller chez le commandant du fort, et demi heure après, Vigneron était avec nous.

Debecker lui fit ses adieux aussi et voulut lui serrer la main : « Non ! capitaine, je ne touche pas la main à un honme comme vous, lui dit Vigneron; qui avait compris le tour qu'on voulait lui jouer en le retenant prisonnier pour en faire une « victime de plus ». Vigneron avait alors dix-neuf ans.

Après quelques heures de repos on continua

l'étape sous la conduite d'un lieutenant, pour atteindre la grande halte..., où nous devions passer la nuit. Rompu de fatigue à cause de mon pied malade, je ne pouvais pas toujours suivre les camarades dont j'étais souvent éloigné.

Me trouvant seul à l'entrée de la nuit, je perdis le chemin et je m'égarai au milieu de hautes et d'épaisses broussailles. De temps en temps j'apercevais comme une étoile de moyenne grandeur la lumière du phare d'Arzew situé à l'autre extrémité du golfe du même nom, et cette lumière servait à m'orienter.

De temps en temps aussi je hélais à tuetête les camarades, mais aucune voix ne répondait à la mienne. Quoique la pluie eut cessé, le temps était couvert et l'obscurité profonde. Je me voyais donc presque réduit à coucher dans ce fourré inextricable et sans issue, qui rendait la marche lente et pénible.

Une telle situation ne me fesait pas rire du tout, car elle m'exposait à rencontrer des voyageurs incommodes et dangereux qui ont l'habitude de circuler plus souvent la nuit que le jour, tels que « des lions, des léopards, des hyènes ou des panthères ». Je ne craignais pas « les chacals » qui marchent toujours par bandes, qui n'attaquent jamais l'homme, qui en ont peur au contraire et qui sont inoffensifs comme des lièvres.

Enfin, après une heure et demie de zigzags inévitables, je retrouvai la grande route. Estimant alors que je ne ne devais pas être éloigné de notre point d'arrivée, je hélai de nouveau en me servant de mes mains comme d'un portevoix. Quinze ou vingt minutes après cet exercice peu amusant, des voix lointaines me répondirent. Je rencontrai ensuite plusieurs camarades qui m'attendaient sur les accotements de la route et bientot tout le monde fut rendu à la Stydia, village dont il est question au chapitre xx.

III

Après notre arrivée, le lieutenant qui nous conduisait me fit appeler pour me dire qu'il avait de l'argent à me donner de la part de Debecker, et il me remit en effet une pièce de « vingt sous ». Pris d'un remord de conscience,.... s'il en avait une,.,.. et quoique n'ayant pas un tendre cœur, je pensai alors que le Capitaine avait confié à ce lieutenant « les deux pièces de monnaie » qu'il m'avait si lestement dégauchies à Mostaganem, et avec l'idée que « cet officier subalterne » devait connaitre les deux premières règles de l'arithmétique aussi bien que notre Capitaine.

Comme chacun voyageait à ses risques et périls, quelquefois pour son compte ou à ses frais et que nous étions descendus chez les pauvres habitants du village, il ne me fut pas difficile d'employer ma pièce de vingt sous. Après un diner aussi « maigre » que peut l'exiger la très sainte Eglise du pape, vu qu'il n'y avait pas un seul morceau de « gras », après ce diner, dis-je, et en compagnie de Vigneron, je m'allongeai sur quelques sacs de froment qui nous firent regretter nos anciennes paillasses.

On repartit le lendemain de bonne heure pour faire une petite halte sur les bords de la Macta, au point de jonction de cette rivière avec la route d'Oran à Mostaganem, route mal tracée alors et encore plus mal entretenue. Après avoir déjeuné tant bien que mal en nous approvisionnant à la seule maison qui existait en cet endroit, on repartit encore et toujours en longeant le golfe.

Lorsqu'on eut passé le vieil Arzew, il fallut quitter la grande route pour suivre des sentiers étroits, sablonneux et à peine tracés au milieu d'épaisses broussailles, ce qui rendait la marche difficile et pénible. En outre, un vent de tempête qui régnait sur le golfe nous empêchait de nous tenir debout, et il fallait marcher tête baissée ou le corps plié en deux.

Ce fut dans de telles conditions, rompus et brisés par la fatigue, que nous entrames à Arzew vers quatre heures du soir, où l'on nous caserna dans une espèce de grande écurie, dont le sol était garni d'une abondante couche de paille sur laquelle chacun s'étendit avec plaisir.

Nous avions droit à une distribution de vivres jusqu'à notre rentrée en France, mais ni à la place ni à la mairie personne n'était informé de notre passage. On délégua un ou deux gendarmes à Oran pour avoir des ordres et ce fut à neuf heures seulement que chacun reçut un morceau de pain.

Cette incurie de l'autorité militaire qui n'avait pas plus annoncé notre départ que notre arrivée, était pour moi un signe de mauvais présage indiquant assez bien, non pas la nature, mais la série des facheux évènements qui nous attendaient et qui signalèrent notre retour même jusqu'au sein de nos familles.

On nous avait dit que le lendemain un batiment de l'Etat devait nous prendre à son bord et en destination d'Alger. La journée, puis la moitié d'une semaine s'écoulèrent et nous étions encore là, toujours les yeux fixés sur le golfe, dont les eaux paisibles et calmes n'étaient sillonnées que par les barques des pécheurs de l'endroit.

On apprit alors qu'un vieux bateau démoli aux trois quarts, « le Tanger » qui devait nous prendre, s'était détraqué en route et qu'il était revenu à Alger, son point de départ.

Nous fumes donc réduits à prendre encore et même souvent à perdre patience. En outre, la distribution journalière des vivres qu'on nous donnait était insuffisante, le peu d'argent que nous avions filait assez vite, et je me rappèle encore que douze jours après notre arrivée, « les dix francs » que m'avait remis le capitaine Debecker restèrent à Arzew.

Dans la soirée du douzième jour, après une attente vive pour ne pas dire anxieuse, on reçut la nouvelle qu'un transport à vapeur était mouillé dans le golfe.

IV

C'était la frégate neuve « le Berthollet, » alors paquebot à vapeur qui fesait le service d'Alger à Oran avec escale à Tenez et à Cherchell. Le samedi 12 Mars et vers dix heures du soir, quelques gendarmes nous annoncèrent qu'il fallait partir,. .. et ce n'était pas trop tot. L'appel nominal et réglementaire terminé, on nous fit descendre dans un chaland, bateau plat, large et profond qui accosta « le Berthollet ». A minuit, tout le monde étant embarqué, le batiment quitta le golfe et se mit en route pour Alger où il arriva le surlendemain à une heure après midi.

Toujours escortés par des gendarmes qui gardaient nos passeports, on nous conduisit au Lazaret, vaste construction où je crois que les disciplinés militaires étaient logés. On nous donna une grande chambre garnie avec une simplicité primitive, et dont tout l'ameublement, comme à l'habitude, se composait d'une couche de paille.

Figure peu agréable et sympathique, le « gardien » de cet établissement cumulait cette fonction avec celle de « cantinier » ou de fournisseur des vivres. Naturellement, notre arrivée lui suggéra l'intention de faire un truc de commerce à son profit, car c'était « un jésuite doublé d'un bonapartiste ».

Naturellement aussi, et sans aucun retard, ce fonctionnaire de l'Empire qui se croyait un magistrat, rendit une sentence dont il se garda bien d'expliquer le but, d'ailleurs très facile à comprendre. Il nous dit donc ceci et d'un ton militairement affirmatif :

« Ceux qui ont de l'argent peuvent aller manger en ville; ceux qui n'en ont pas resteront ici et n'obtiendront aucune permission de sortir ». Cinquante camarades environ partirent à l'instant, et je restai prisonnier avec les autres.

Il est évident que cette mesure devait profiter « au gardien chef », en ce qu'elle lui permettait de compter quatre vingt dix-neuf rations deux fois par jour alors qu'il n'en distribuait que la moitié.

Nous n'avions pas à inverveuir dans une telle combinaison qui ne nous regardait pas; mais nous avions à controler ou à vérifier la décision arbitraire de cet homme, qui s'arrogeait le droit de nous garder en prison sous le futile prétexte que « nous n'avions pas d'argent ».

L'idée nous était bien venue qu'un ordre aussi injuste et sévère n'était pas officiel, mais cette conjecture, qui avait besoin d'être mieux établie, nous fit prendre la résolution de tirer cette affaire au clair et au net.

En conséquence, le lendemain de notre arrivée, et de bonne heure, je rédigeai quelques lignes d'une protestation revêtue de nos signatures et je la fis remettre au capitaine Directeur du Lazaret, par un factionnaire de bonne volonté qui approuva notre réclamation.

Le lendemain après déjeuner, le gardien nous informa poliment, et avec un petit sourire de circonstance, qu'il nous était permis de visiter Alger. Usant de cette permission donnée par ordre supérieur, tout le monde partit sans regret; mais avant de sortir, je m'adressai au dit gardien et je lui dis carrément :

— Hier, lorsque vous m'avez refusé l'autorisation d'aller acheter du tabac, je vous avais promis que j'irais malgré vous. Je tiens parole aujourdhui, et au revoir jusqu'à cinq heures.

On nous fit quitter le Pont-du-Schéliff avec tant de précipitation, que ceux qui auraient pu écrire en France pour avoir des secours, n'eurent pas le temps, et en outre, nous ignorions quel devait être l'itinéraire de notre retour. L'insuffisance de nourriture et un trop long séjour à Arzew, nous avaient obligés à faire un surcroit de dépenses et quand je sortis du Lazaret pour visiter Alger, le reliquat de « mes dix francs était juste de cinq centimes ».

Il est évident que je ne pouvais aller bien loin avec une somme réduite à sa plus simple expression, et « le camarade » qui était avec moi se trouvait encore moins riche, car il ne possédait pas « un centime ».

Si j'avais voulu néanmoins profiter d'une occasion ou accepter une offre inattendue qui me fut adressée par deux personnes, j'aurais pu grossir un peu le fond de ma bourse,.... et voici comment.

V

J'avais en ce temps là une barbe noire et lisse de forme conique, ayant « trente-cinq centimètres » de retombée du menton au sommet. En nous promenant dans un des nombreux bazars d'Alger, « un industriel maure » se doutant que j'étais « un proscrit », me témoigna le désir d'acheter cette barbe moyennant une pièce de « cent sous ». Je refusai cette proposition, et une autre encore qui me fut adressée avec cinquante centimes de rabais.

Après deux heures d'une promenade beaucoup plus monotone que récréative, nous commencions à sentir le besoin de prendre quelque nourriture et du liquide surtout, car il fait chaud là bas au mois de Mars.

Selon les circonstances et les personnes aussi, «la faim» est une mauvaise ou une bonne conseillère. Dans notre situation peu digne d'envie, elle inspira une excellente idée à mon compagnon, qui me dit : « Allons chez un ministre protestant auquel nous exposerons notre affaire et peut-être qu'il nous accordera des secours ».

Lorsqu'il eut entendu notre exposé assez succinct d'ailleurs, le dit ministre ou pasteur nous témoigna ses regrets de ne pouvoir nous satisfaire, car, dit-il : « Nous avons beaucoup de pauvres à soulager ». Puis il ajouta : « Allez de ma part chez le Trésorier, et s'il a de l'argent en caisse il vous donnera quelque chose. »

Après nous avoir reçus poliment, le dit trésorier nous déclara que les fonds disponibles étaient en baisse, et en parlant ainsi, il nous remit une pièce de « cinquante centimes à chacun ».

C'était peu sans doute, mais enfin c'était quelque chose puisque nous étions plus riches qu'auparavant. Ce qu'il y avait de curieux, par exemple, c'est que nous étions embarrassés de notre argent. Où aller en effet pour trouver à deux le placement d'une pièce de vingt sous, alors que le besoin de nos estomacs exigeait une bien plus forte dépense. Néanmoins, cet heureux succès qui nous avait enhardis, nous donna de l'aplomb et aussi de l'espoir.

Sous l'impulsion de ces deux éléments qui ne constituent pas « l'audace », mais qui donnent « une certaine hardiesse », nous entrames dans un restaurant du nouvel Alger. Le patron du lieu qui s'aperçut que nous n'étions pas des milords, mais des marquis de la bourse plate, nous demanda ce qu'il nous fallait.

Après lui avoir exhibé nos fonds réunis : « Vous êtes des proscrits et vous rentrez en France, dit-il. Hé bien ! mettez-vous là et vous allez manger pour vos vingt sous. »

Habitués à obéir au commandement, le restaurateur n'eut pas besoin de réitérer son invitation, car à l'instant même nous étions à table dans un salon proprement tenu et dont l'aspect seul valait presque notre argent.

Là, et à notre grande surprise, on nous servit le menu d'un déjeuner confortable, car il y avait longtemps que nous n'avions pas été en présence d'une telle distribution.

Aussi, nous étions contents et même satisfaits, à tel point qu'à notre retour au Lazaret, nous laissames nos rations, soupe et bouilli, pour le compte du gardien qui n'en fut pas du tout contrarié.

Le cinquième jour après notre arrivée, on nous fit embarquer sur un courrier de Cette: «Ville de Bordeaux», paquebot à roues et à voiles. Comme nous étions des passagers de la dernière catégorie, on nous logea tout de même en première classe, je veux dire sur le pont, qui est le premier étage en arrivant à bord.

A notre départ, la mer était belle, calme et unie comme une glace. Nous avions un temps magnifique aussi et sans nuages; les nuits étaient splendides et le firmament d'un bleu incomparable, où brillait d'une clarté pure la lumière scintillante des étoiles.

VI

Dans des conditions aussi favorables on dit un suprême adieu à la terre d'exil, avec l'espoir que notre retour s'effectuerait, sinon sans danger, du moins sans accident,... et il en fut ainsi. Le lendemain, en effet, un vent de tempête souffla sur la mer et la rendit furieuse. Les vagues déferlaient à bord avec une extrême violence, tout craquait sur le batiment et on ne pouvait rester sur le pont où nous étions 121 proscrits, dont « vingt deux inconnus » qui ne venaient pas de notre colonie du Pont-du-Schéliff.

Le troisième jour, même vent, même tourmente et même concert, toujours avec un ciel sans nuages et magnifiquement beau. Le capitaine du bord nous affirma que depuis dix ans qu'il naviguait sur la même ligne, il n'avait pas encore vu un temps pareil.

Ce fut le même jour aussi, vers minuit environ qu'un accident m'arriva qui faillit me couter la vie et m'expédier dans le royaume de Neptune, pour y constater s'il y avait encore des tritons dans ce pays bas où la sécheresse, dont j'avais grand besoin, est littéralement inconnue.

Quoique le capitaine eut l'air d'étre un solide marin, il n'avait pas une bien solide sympathie pour les Proscrits. Beaucoup plus avec l'intention d'alléger le pont du bateau de « notre poids », que de nous garantir du danger qui nous menaçait à chaque instant, le dit capitaine nous fit descendre aux premières et aux secondes.

J'attendis que tout le monde fut à son poste, et alors je montai sur la dunette pour aller m'asseoir en cas d'accident, sur la dernière marche au bas de l'escalier des premières.

Là, je me trouvai en face d'une dame assise sur une chaise, et tous les deux nous fesions tour à tour un mouvement de balançoire à chaque coup de roulis. Après cinq ou six heures de cet exercice plus fatigant que récréatif, je me rendis à quatre pattes sur la dunette, où un violent coup de mer me fit rouler sous le banc de tribord.

Je m'étais à peine retourné pour m'en revenir, qu'une autre secousse plus forte encore, me jeta du coté de babord où je m'accrochai à la main courante, « les deux poignets en croix et mon corps suspendu dans le vide ».

Une telle position me forçait à lacher prise et

je me voyais perdu, lorsque, pour la troisième fois, le mouvement du bateau me rejeta violemment sur le pont où je restai sans connaissance, étendu et meurtri, je ne sais combien de temps, car personne ne fut témoin de mon accident.

Lorsque j'eus repris mes sens, je me rendis, toujours à quatre pattes, à coté du tuyau de la machine, et j'allai m'étendre dans la soute au charbon où quelques heures de repos et un sommeil légèrement réparateur, dissipèrent mes fortes émotions en me donnant aussi un peu de courage et de vigueur.

Comme nous n'avions rien mangé depuis la veille à cause du mauvais état de la mer, qui devint plus calme le lendemain, on nous fit une double distribution de vivres, « du pain, du fromage de gruyère et deux quarts de vin ». Chacun fit un repas excellent qui réconforta pas mal d'estomacs faibles, délabrés ou alanguis par une diète forcée de vingt quatre heure au moins.

Après « cinq jours » d'une traversée périlleuse qui n'exigeait d'ordinaire que quarante huit heures au plus, on atteignit enfin le port de Cette,... où on débarqua.

Au fur et à mesure que les employés de la Douane remplissaient leurs fonctions en bouleversant nos malles et nos paquets, chacun de nous quittait le port et entrait en ville.

Etant parti seul et le dernier sans avoir aucune direction précise, je me trouvai sur la place de la Mairie, et au milieu d'un groupe d'une trentaine de personnes. Etonné de cet entourage et m'apercevant que j'en étais la cause, je demandai de quoi il s'agissait. On m'apprit alors que j'étais tombé sans connaissance, ma malle d'un coté,mon chapeau et moi de l'autre et qu'on m'avait porté secours en me relevant.

VII

Quelques braves citoyens prirent alors mes bagages et me conduisirent à l'hotel du Cheval blanc, où je vis beaucoup de camarades qui étaient en train de déjeuner.

N'ayant pas un centime en caisse puisque j'avais donné mon dernier sou dont il est question au chapitre IV, à un chauffeur du paquebot qui m'avait permis de rester dans la soute au charbon, n'ayant pas un centime en caisse, je ne savais trop comment faire pour manger,... car j'avais faim puisque j'étais tombé d'une faiblesse causée par la fatigue et le manque de nourriture.

Je rencontrai là un camarade du Lot-et-Garonne nommé Castandet, de Tauziette près Nérac et dont les fonds étaient en baisse comme les miens.

Nous étions à causer de notre situation respective, quand la bourgeoise, une femme gaillarde, entre parenthèse, nous dit de nous mettre à table et qu'on allait nous servir à l'instant. Après lui avoir fourni des preuves non équivoques sur le mauvais état de nos ressources financières, elle nous répondit à peu près dans les termes suivants:

—Les exilés qui arrivent d'Afrique n'ont pas ici besoin d'argent, et vous n'étes pas les premiers qui ont reçu dans cet hotel un accueil bienveillant et une généreuse hospitalité. Asseyez-vous donc là et ne vous inquiétez pas du reste.

Nous fumes heureux, Castandet et moi, d'obéir à une injonction pareille, je veux dire, à une si cordiale et fraternelle invitation. Je n'ai pas besoin d'ajouter qu'on nous servit un bon repas qui nous fit agréablement oublier le nombre de coups de fourchette.

Nous n'avions pas encore tout vu et d'autres épreuves nous attendaient, non moins désagréables et rudes. Il nous restait à boire et à vider jusqu'au fond, le calice plein d'amertume qu'un Gouvernement abject vomi par l'enfer tenait suspendu à nos lèvres, même sur le sol de la Patrie, car, rentrés en France, nous étions soumis à l'autorité militaire dont les agents nous suivaient partout.

Quel spectacle et comme c'était beau, en plein dix-neuvième siècle! de voir « des gens honnêtes » escortés par les complices de quelques malfaiteurs, qui avaient usurpé tous les Droits appartenant à la Nation.

L'après-midi du même jour de notre arrivée à Cette et à peine que nous sortions de table, les gendarmes nous réunirent sur la place de l'Hotel de Ville et nous avisèrent qu'il fallait se rendre à Montpellier, en chemin de fer, pour faire viser nos passeports.

On nous promit un subside de soixante-quinze centimes à titre de secours de route et par homme. Rendus à destination, les mêmes gendarmes, qui nous avaient escortés, nous informèrent que « cet argent » avait servi pour solder notre voyage dont personne ne connaissait l'utilité.

Ce que tout le monde comprit, par exemple, c'est que nous étions exploités et volés en France comme en Algérie. Nous aurions pu facilement revenir à Cette le même jour, mais monsieur le préfet de notre aimable et charmant Empereur ne voulut pas se déranger pour mettre sa griffe sur les passeports de « ces canailles de républicains ».

Il fallut donc rester à Montpellier et attendre jusqu'au surlendemain pour avoir nos papiers en règle. S'il n'avait fallu qu'attendre; passe encore, mais il fallait manger et dormir aussi, et pour beaucoup d'entre nous, là était le hic de notre facheuse situation.

Je ne sais comment s'arrangèrent les camarades dont la bourse était aussi plate que la mienne, mais voici l'historique un peu succinct des aventures étranges qui m'arrivèrent, et dont j'ai gardé un fidèle souvenir qui ne s'éteindra qu'avec mon dernier souffle.

N'étant pas plus riche à Montpellier qu'à Cette, je me voyais réduit à coucher dehors avec l'estomac aussi vide que mon gousset. Dans cette perspective, qui n'avait rien de gai ni d'attrayant, et la tête bourrée de sombres réflexions en désordre, je rencontrai un collègue qui fesait comme moi un tour de promenade.

VIII

C'était un nommé Berbineau, d'Eymet sur le Drot, département de la Dordogne. Après avoir causé un instant sur le but et l'opportunité de notre voyage, Berbineau me demanda si je voulais aller diner avec lui, pour être en compagnie.

— Avec plaisir, lui dis-je, mais à condition que vous paierez mon écot : je n'ai pas un centime à mon service.

— J'accepte, dit-il, et avec plaisir ; je n'ai que « trois francs », mais avec ça, nous pourrons diner et passer la nuit.

Marché conclu et arrété, nous voilà partis à la recherche, non pas d'un hotel meublé ou d'un restaurant, mais d'un n'importe quoi où l'on voudrait nous servir à boire et à manger, nous loger aussi à pied, non à cheval, le tout pour la somme de « un franc cinquante par tête » et sans marchander. Il était nuit close que nous n'avions pas encore trouvé un gite à ce prix-là, tant notre extérieur inspirait de la confiance.

Berbineau et moi, en effet, nous avions une assez bonne tournure, mais pas du tout l'air de gens comme il faut : moi surtout avec ma grande barbe, mon pantalon rouge de « quarante quatre centimes » et tout rapiécé ; mon chapeau blanc en feutre mou et mon paletot en coutil sans doublure, le tout encore noirci par le charbon sur lequel j'avais couché à bord du paquebot.

A la fin pourtant, on nous reçut dans une auberge, où, en entrant, une assez forte odeur de vin nous fit comprendre que nous allions pouvoir nous humecter la dalle, car la soif n'était pas le moindre de nos besoins à satisfaire.

Pendant le diner, j'eus une idée que je communiquai à Berbineau.

— Vous verrez, lui-dis-je, que nous ne partirons pas encore demain pour revenir à Cette, car nos passeports ne seront pas signés et alors comment ferons-nous pour vivre sans argent? Voici donc ce que nous allons faire ou du moins essayer.

Quand nous étions au Pont-du-Schéliff, vous savez que parfois j'égayais la colonie en jouant « du flageolet ». Ce soir, nous pouvons faire une tournée dans les cafés et pendant que je ferai entendre quelques airs d'opéra, dont je me rappèle oncore, puis des valses et des polkas, vous tendrez la main ou le chapeau à la générosité des assistants.

Notre début ne fut pas heureux du tout et encore moins encourageant. La mauvaise chance ou le hasard, si on veut, nous conduisit au Café de l'Etat major, où se trouvait un éblouissant et nombreux personnel doré sur tranche, galonné à profusion et décoré de même.

Après lui avoir dit qui nous étions et demandé poliment l'autorisatiou de jouer « un seul morceau », le Chef de l'établissement nous ordonna de sortir au plus vite. Jugez donc !.... des Proscrits transformés en mendiants, qui se permettaient de vouloir faire danser et valser.... « les très honorables Proscripteurs du 2 Décembre! »

Cet insuccès, quasi prévu, nous ota l'envie de recommencer et on reprit le chemin de l'auberge où nous avions diné. A notre arrivée, Berbineau me dit qu'il avait un cousin employé à la gare de Montpellier, et qu'il allait voir s'il y était encore. Il partit donc et je restai seul au coin du feu avec « la bourgeoise ». Un instant après, vers huit heures environ, « un Sergent du génie » entra et vint s'asseoir entre nous deux.

Après avoir causé un instant avec cette jeune veuve dont il était le prétendu, le Sergent me dit :

— Vous arrivez d'Afrique où vous étiez proscrit et vous avez débarqué à Cette, avec d'autres camarades qui sont aussi en ville ?

— Oui, répondis-je.

— Avez-vous de l'argent, me dit-il ?

— Non, je n'ai pas un centime à mon service, et la preuve, c'est que Madame peut vous dire que mon camarade qui vient de partir pour la gare, doit solder ma dépense.

— Puisqu'il en est ainsi, reprit le Sergent, trouvez-vous ici demain matin à huit heures précises.

IX

Quoique ne comprenant rien à cette invitation bien certainement inattendue, je l'acceptai tout de mème et je promis au Sergent d'étre rendu à l'heure militaire. Dans cette même soirée et après son retour de la gare, Berbineau m'informa qu'il avait trouvé son cousin.

A mon tour, je lui racontai l'histoire du Sergent à laquelle il lui fut impossible de rien déchiffrer aussi. L'heure étant un peu avancée, on alla se coucher ensuite, mais on dormit peu, car chacun de nous se livrait à des calculs de probabilités plus ou moins exacts et avantageux, les miens surtout dont les données étaient inconnues.

Le lendemain matin, Berbineau partit de bonne heure pour aller rejoindre son cousin à la gare, et je restai pour attendre mon Sergent, qui se rendit lui aussi à la minute et qui me donna les instructions suivantes:

— Je vais sortir, dit-il, vous aurez soin de me suivre à dix ou quinze pas environ et d'entrer partout où j'entrerai.

Tour à tour victime de l'hypocrisie et de la trahison, j'étais devenu méfiant en diable, et en cette circonstance pourtant, rien ne m'inspirait ni crainte ni soupçon. J'avais au contraire une certaine confiance qui me rassurait sur les intentions de « ce jeune militaire », dont j'observai la consigne avec une exactitude d'autant plus scrupuleuse, qu'il me tardait de savoir le fin mot de la chose ou de connaître un résultat quelconque.

Le Sergent entra d'abord chez un coiffeur et lui dit : —Voilà un frère qui vient d'Afrique; il a besoin d'argent et il faut lui en donner.

— Notre caisse de secours pour les exilés est vide en ce moment, je le regrette, dit le coiffeur, car hier soir j'ai envoyé quarante-cinq francs à un proscrit malade à l'hôpital de Marseille.... et tout en parlant ainsi, il remit « deux francs » au sergent qui me les donna et qui partit en disant : « Suivez toujours. »

De là, mon dévoué bienfaiteur se rendit chez un maréchal ferrant, qui eut la générosité de grossir ma bourse en donnant « trois pièces de vingt sous ».

Après une heure et demie environ de courses à travers la ville, on revint à l'auberge où le sergent me quitta satisfait et heureux d'avoir réussi à me procurer la somme de « neuf francs cinquante centimes ». Je n'ai pas besoin de dire quels furent les remerciements que je lui adressai.

Un moment après mon retour à domicile, un monsieur entra et je reconnus mon ami Berbineau, mais radicalement transformé:... redingote noire et pantalon idem, chapeau à haute forme et portant canne.

— Pour le coup, lui dis-je, c'est votre cousin qui vous a si bien nippé.

— Sans doute, dit-il, et je suis venu pour vous avertir que dès ce moment, je ne loge plus ici, car je vais rester un ou deux mois chez mon cousin.

— Tant mieux, répondis-je, vous faites bien de profiter de ce bonheur inattendu et qui arrive fort à propos.

Puis s'adressant à l'aubergiste : – Madame, lui dit Berbineau, en parlant de moi, je vous prie de fournir à mon camarade tout ce dont il aura besoin et je paierai moi-mmêe.

— Vous savez que je suis en fonds, répondis-je à Berbineau et que j'ai de quoi solder ma dépense.

— Non, non, dit-il, gardez votre argent qui

vous servira, joint à vos secours de route, pour arriver chez vous; car je crois que nos passeports seront en règle aujourdhui et que vous partirez demain.

X

Toutes les formalités administratives ayant été enfin remplies on quitta bien vite Montpellier en suivant différentes directions, car pour rentrer dans sa famille, chacun s'orientait en consultant le fond de sa bourse. Plusieurs d'entre nous voyagèrent par étapes et s'arrétèrent à divers endroits pour travailler et se procurer ainsi les moyens nécessaires à leur existence, car nos secours de route étaient insuffisants.

Comme j'avais quelques sous à ma disposition, je revins à Cette par le chemin de fer que me paya le cousin de Berbineau. A mon arrivée, je m'embarquai sur un petit vapeur qui fesait la traversée de l'étang de Thau, et je pris ensuite sur le canal du Midi, un bateau poste en destination d'Agen. A cette époque, le même canal, qui prend le nom de latéral depuis Toulouse, n'était pas encore navigable jusque chez moi, Castets, où il débouche dans la Garonne.

En débarquant à Agen, après quatre jours de navigation, un homme qui était sur le ponton et qui se douta que j'étais un « proscrit », vint me demander où j'allais.

Toujours méfiant en diable à l'égard « des Français de l'époque », surtout avec des figures inconnues, je dis à cet homme, qu'avant de répondre, je voulais savoir quel était le motif et le but de sa curiosité.

— Depuis quelque temps, dit-il, je me rends ici à l'arrivée des bateaux de Cette pour voir s'il y a des exilés venant d'Afrique, et s'ils ont besoin de l'assistance de notre comité de secours.

— Dans ce cas, lui dis-je, vous ne pouvez pas mieux tomber pour remplir votre mission. Je suis « un proscrit » en effet, parti de mon lieu d'exil depuis « vingt cinq jours », rossé par la fatigue, les privations et le manque de sommeil, et je ne sais trop comment faire pour arriver chez moi.

— Et où allez-vous? demanda mon interlocuteur.

— A Castets.

— Vous êtes Robert, dit-il en m'embrassant.

— D'où vient une démonstration si affectueuse à mon égard? répondis-je.

— Pauvre Robert! reprit-il, comme j'étais impatient de vous connaitre après avoir parlé de vous si souvent!

Alors il m'apprit qu'il se nommait James et qu'étant à Castets où il travaillait au canal, il logeait chez mes parents: mon père, ma mère et ma sœur. Après avoir fait ainsi connaissance, nous allames diner tous les deux chez un ami que j'avais connu à la prison d'Agen, et où je passai la nuit ainsi que le jour suivant.

Le lendemain de bonne heure je me rendis au bateau à vapeur qui fesait le service d'Agen à Bordeaux. Là, je trouvai un nommé Grignon, de Langon, controleur à bord de « l'Eclair N° 3 » et qui me connaissait depuis longtemps comme employé des ponts et chaussées, section de la navigation de la Garonne, ainsi que je l'explique dans mon introduction biographique.

Je dis à Grignon que j'arrivais d'exil et que n'ayant pas assez d'argent pour solder mon passage, il me rendrait service de me l'accorder gratis jusque chez moi.

— Tu as navigué au même prix assez longtemps sur nos bateaux, me dit Grignon, pour que la même faveur te soit accordée aujourdhui, faveur que justifie amplement ta condition de « proscrit ». Reste donc à bord, car nous allons démarrer dans un quart d'heure.

« Vingt huit jours après mon départ du Pont-du-Schéliff, je débarquai à Castets dans un état physique et mental capable d'émouvoir un cœur bonapartiste renforcé d'un clérical.

Mes facultés étaient dans un désordre inquiétant ou oblitérées par la brusque transition d'une vie agitée,.... au repos, de l'esclavage,... à la liberté, comme par les fatigues d'un si long et pénible voyage où toutes les émotions m'avaient assailli.

XI

Je n'avais pas tout à fait perdu « le sentiment » de mon existence, mais il avait subi une altération notable, ainsi que « mes idées » dont l'ensemble n'était pas mieux en ordre que le reste, car je ne savais pas trop si j'étais à Castets ou sur quelque autre point du globe.

Il me semblait que j'étais toujours en Afrique et que le Pont-du-Schéliff m'avait accompagné sur les bords de la Garonne. En outre,.... et le pire d'une telle situation,.... c'est qu'étant « avec ma femme et ses deux enfants », je n'avais pas la certitude d'être ou non marié.

Des hommes insensibles aux malheurs d'autrui ou d'autres dont le bon sens n'est pas à vendre, riront et se moqueront peut-être de la naïveté de ces détails; mais d'autres qui auront souffert, ou dont le cœur compatissant est accessible aux sentiments généreux, se rendront compte aisément de l'état indéfinissable et piteux où j'étais alors.

Au bout d'un mois environ étant à peu près rétabli, il fallut songer à me procurer du travail.

La chose n'était pas facile à cette époque, car l'Empire avait terrorisé la France à tel point, que tout le monde avait peur,. ... excepté les Proscrits,.... surtout dans les campagnes dont « les habitants », tremblaient encore au seul souvenir du 2 Décembre.

Je me rappèlerai toujours que chez moi, à Castets, mon lieu natal qui avait alors « quinze cents habitants », personne n'osa venir me voir après mon retour d'exil, y compris « mes anciens élèves » dont les idées libérales étaient pourtant assez développées. Je fais erreur cependant, car deux intimes et vieilles connaissances me rendirent deux ou trois visites,.... et ce fut tout.

Dans de telles conditions bien peu favorables, je me voyais encore exilé dans mon pays, sans trop savoir que faire pour avoir un emploi. Le besoin rend ingénieux, dit-on, mais dans le cas où je me tronvais il n'était guère possible de l'étre ni même d'espérer un succès quelconque, vu les dispositions hostiles qui se manifestaient envers « les républicains » et surtout à l'égard des Proscrits du 2 Décembre.

Mon avenir, qui n'avait rien de gai ni d'attrayant, me paraissait d'autant plus sombre qu'il était incertain. Réduit à cette extrémité qui nous sollicite et nous enjoint parfois à vaincre certaines répugnances, je pris « une résolution » en contre bas du niveau habituel de mon caractère, et qui ne m'offrait, non pas une garantie, mais la moindre chance de succès.

Un des plus solides piliers du Coup d'Etat de 1851, le sieur Joly de Boissel, dejà inscrit dans mon introduction biographique, habitait encore Castets à cette époque pour l'achèvement du Canal latéral. Quoique cet ingénieur, d'accord avec son complice Henri Jacquemet, eut obtenu ma révocation par « la fraude » puisqu'on me jugea sans m'entendre, je me rendis un beau matin dans son cabinet pour lui adresser mes offres de services.

Après lui avoir exposé en quelques mots l'objet de ma visite, le superbe Joly me dit, sur un ton passablement dédaigneux:

— Vous savez d'où vous venez!

— Malheureusement, lui dis-je,.... et vous le savez aussi bien que moi.

— Par ce motif, il vous est défendu d'avoir un emploi dans les bureaux du gouvernement.

— J'en étais presque certain, mais j'ai voulu m'en assurer, répondis-je,.... avec accompagnement d'un demi tour à droite, mais aussi prompt que significatif et sans bonjour ni bonsoir.

Furieux et pourpre de colère, Joly me suivit en trépignant, ce qui m'inspira l'idée qu'il avait l'intention de me pousser dehors. Arrivé sur la porte et au lieu de sortir, je fis volte face en disant:... Halte là !

Soit crainte ou surprise et peut-être les deux, Joly devint sage et obéit à l'instant; car il savait très bien qu'il aurait perdu son temps à faire le malin avec moi,.... et surtout nez à nez comme nous étions.

XII

Je racontai à un de mes amis de Castets, la démarche faite auprès du citoyen Joly et le résultat que j'avais obtenu. Cet ami, J. Garreris, ancien élève de mon père et qui avait à peu près mon age, ne fut nullement surpris de mon insuccès. Habitant Bordeaux où il avait des relations nombreuses et assez influentes, Garreris aurait pu facilement me trouver un emploi, mais il craignait, lui aussi, de trop se montrer ou de se compromettre.

Il essaya néanmoins de faire quelque chose et de m'étre utile, mais par un moyen discret ou détourné qui attestait que « ses opinions politiques » dont il fesait parade, avait notablement baissé depuis la Révolution de 1848.

Garreris m'engagea donc,.... et pas sans quelque espoir,.... de rendre visite au marquis de Brías, ancien Maire de Bordeaux, et à cet effet, il me confia quelques lignes de recommandation pour remettre à ce brave et honnète républicain.

Je me rendis conséquemment à Eysines, près Bordeaux. En arrivant, je reconnus de loin M. de Brias qui se promenait au milieu des champs avoisinant son chateau, et où il surveillait une trentaine de manouvriers occupés à divers travaux. Après les civilités d'usage, et lui avoir dit en quelques mots que j'étais « une des cent mille victimes du Malendrin » qui régnait et gouvernait, je lui donnai le pli de Garreris.

Cinq minutes après la remise de la lettre, une conversation s'engagea en plein vent, ou plutot une série de communications intimes et réciproques. A un moment donné, M. de Brias garda la parole pour continuer la même série, en des épanchements sur les malheurs qu'il avait éprouvés, même au sein de « sa famille », et dont il était resté victime innocente,.... mais résignée et sans faiblesse.

«— En ma qualité d'ancien Maire de Bordeaux, dit-il, j'avais beaucoup d'amis et de nombreux solliciteurs, sans en excepter Garreris, alors associé avec A. Dumeau dans le service des bateaux à vapeur du haut de la Garonne. Par la rectitude de ma foi politique et de l'intégrité de mon caractère, je n'avais aucune méfiance à l'égard des nouveaux partisans de notre République de 1848.

« J'aurais dû en avoir pourtant, car tous ces jeunes républicains de fantaisie,.... et encore mes vieux amis m'abandonnèrent quand survint le Coup d'Etat du 2 Décembre. A ce désagrément fort supportable d'ailleurs, vu ma position indépendante, vinrent s'ajouter des malheurs et des chagrins de famille.

« Mon fils est mort par le suicide parce que j'étais républicain. Ma femme, pour le même motif aussi, a cru devoir me quitter pour vivre seule à l'extrémité de ce chateau dont j'habite l'autre pavillon.

« Vous n'êtes plus sur la terre d'exil puisque vous l'avez quittée, ajouta le Marquis, et moi je l'habite encore avec l'espoir d'y mourir, car mes amis et ma famille ont fait de moi un solitaire et un proscrit,.... je veux dire,... une victime condamnée à perpétuité.

« Vous voyez ces hommes qui travaillent pour moi et que je paie, eh bien! ce sont autant d'espions et de mouchards qui me surveillent. Je n'ai pas besoin de vous dire pourquoi et dans quel but,car vous savez que le régime des proscriptions inauguré le 2 Décembre, ne doit finir qu'avec l'Empire qui en aura toujours besoin pour gouverner et pour régner.

« Votre position est à plaindre et vraiment digne d'intéret, je le comprends, me dit enfin M. le marquis de Brias, et à mon grand regret, la mienne me prive de la satisfaction et du bonheur de vous être utile. Je vous prie de croire, cher citoyen Robert, à la sincérité de cette cordiale déclaration ».

Je n'ai plus rien à dire qui puisse intéresser le Lecteur, car les détails qui précèdent terminent et cloturent « Mon Histoire de Proscrit » que j'avais à faire connaitre, et qui appartient désormais à l'Histoire, comme celle « des autres vrais Républicains », Victimes aussi du 2 Décembre 1851 et auxquels j'adresse l'appel suivant:

CITOYENS :

Vieux débris de ces nobles phalanges dont l'ardeur patriotique osa résister à l'acte criminel du 2 Décembre 1851, gardons intact cet ancien souvenir :.... « que si nous avons été vaincus », notre défaite a été glorieuse et que bien loin de la renier ou d'en rougir,... nous devons en être fiers au contraire, et honorés du titre de Proscrits qu'elle nous a valu.

Après une longue attente et de vigoureuses luttes parlementaires pour reconquérir la Souveraineté Nationale, il existe encore « de coupables ambitions qui aspirent au renversement de la République,.... et qui rèvent le triomphe de la Dictature par la violence ».

Bon autrefois pour conduire au Pouvoir dans la fange ensanglantée par le crime, ce procédé malhonnête qu'inspire la trahison, que justifie le succès et que la barbarie seule autorise,.... « n'est plus de saison aujourd'hui », parce qu'il est contraire à la marche en avant de l'Esprit humain,.... je veux dire, au progrès de la Civilisation et à tout sentiment d'Humanité.

Rappelons-nous donc et ne l'oublions jamais, Citoyens, que la Sagesse de notre Foi républicaine, nous sollicite et nous enjoint,.... comme à tout cœur vraiment français,.... de n'admettre aucune autre forme de Dictature que celle de la Volonté de la Nation!

Rappelons-nous enfin, qu'après avoir été « les défenseurs » du Droit contre la Force, nous devons rester encore et toujours,.... « les Soldats » de la France et de la Liberté!

NOTA

François Vigneron, déjà connu dans mon Histoire de Proscrit à partir du chapitre XXX, est mort le 2 Avril de la présente année 1884.

Voici le discours que j'ai prononcé sur sa tombe le jour de son enterrement civil.

CITOYENS,

Réunis en ce moment par les vifs regrets que nous cause la perte d'un ami, je sens le besoin de vous dire quelques mots sur celui qui fut mon compagnon d'infortune et d'exil.

François Vigneron, en effet, transporté en Algérie après l'attentat criminel du 2 Décembre 1851, se trouvait avec moi et fesait partie de la même escouade dans la Colonie pénitentiaire du Pont-du-Schéliff.

Il était jeune encore, puisqu'il n'avait pas vingt ans alors que j'en avais trente-cinq, et malgré sa jeunesse, il avait déjà d'excellentes et de belles qualités qu'on trouve rarement à cet age.

Comme républicain, Vigneron était un homme

éclairé autant qu'incorruptible et honnète,.... et comme proscrit il devint inflexible jusqu'à sacrifier sa vie plutot que d'obéir à ses bourreaux,.... qui n'eurent pas le temps de l'immoler à leur brutale vengeance.

Comme époux et comme père, je classe Vigneron en première ligne parce qu'il a été un modèle à suivre.

Quoique n'ayant qu'une instruction fort élémentaire, c'était un travailleur infatigable et un intelligent ouvrier, qui a connu tous les sacrifices pour élever une intéressante famille composée de quatre enfants.

Comme ami enfin, par l'intégrité de son caractère et ses sentiments généreux, j'affirme que la conduite de Vigneron envers ses semblables a été toujours intacte et à l'abri de tout reproche.

Telle est, Citoyens, la succincte oraison funèbre que j'adresse à votre sérieuse méditation, en disant un dernier et suprême adieu à l'ami que nous ne verrons plus,.... parce qu'il nous a quittés pour toujours!

J. Robert,
Proscrit du 2 Décembre.

TABLE

PREMIÈRE PARTIE

DEUXIÈME PARTIE

www.ingramcontent.com/pod-product-compliance
Ingram Content Group UK Ltd.
Pitfield, Milton Keynes, MK11 3LW, UK
UKHW012013240726
13965UKWH00002B/329

9 782012 893887